Hans Zippert
Aus dem Leben eines plötzlichen Herztoten

Hans Zippert, ehemals Chefredakteur der *Titanic* und heute einer der bekanntesten Reisejournalisten und Kolumnisten Deutschlands.
Buchveröffentlichungen u.a.: »Die 55 beliebtesten Krankheiten der Deutschen. Im Selbstversuch getestet«, Tiamat, Berlin 2008. »Was macht dieser Zippert eigentlich den ganzen Tag? Aus dem Leben eines bekennenden Kolumnisten«, Tiamat, Berlin 2009.

Edition
TIAMAT
Deutsche Erstveröffentlichung
Herausgeber:
Klaus Bittermann
1. Auflage: Berlin 2011

www.edition-tiamat.de
Buchumschlag unter Verwendung einer
Sondermann-Zeichnung
von Bernd Pfarr

ISBN: 978-3-89320-154-9

## Hans Zippert

# Aus dem Leben eines plötzlichen Herztoten

### Tagebuch eines Tagebuchschreibers

Critica
Diabolis
186

Edition
TIAMAT

*Das Leben ist mehr oder weniger unbegreiflich. Man weiß bekanntlich weder, woher man kommt noch wohin man geht, oder warum man solche Sätze hinschreibt. Manchmal hilft es, sich alles zu notieren, was einem im Laufe der Zeit so auffällt, und selbst wenn es nicht hilft, dann hat man es doch wenigstens mal aufgeschrieben. Genau das war der Plan.*
*Meine Notizen beginnen im Januar 2010 und enden in dem Moment, wo der Leser das Buch aufschlägt. Es handelt sich um eine Art Tagebuch oder auch eine Stoffsammlung für eine Stoffsammlung. Dieses Buch enthält Ideen für mindestens fünf Romane, die ich aus Respekt vor dem Leser aber nicht ausgeführt habe.*

## 2010

# Januar

### Rechtsnachfolger

In die Geschäftsräume von »Video-Express24« ist vor kurzem ein neuer Besitzer eingezogen. Wie der Name schon andeutet, konnte man bei »Video-Express24« Tag und Nacht Videos entleihen, es gab sogar einen automatischen Nachtschalter, der einem morgens um drei Uhr den dringend benötigten vierten Teil von »Beverly Hills Cop« ausspuckte. Natürlich war auch eine nächtliche Videorückgabe möglich. Der neue Besitzer heißt »Oberurseler Bestattungsinstitut W. Schwartz«, und auch er wirbt mit dem bewährten Slogan »Tag und Nacht.« Gestorben wird ja immer. Ein Zettel an der Tür informiert: »Da die Gestaltung der Außenanlage noch nicht abgeschlossen ist, können Sie uns im Moment leider nur telefonisch erreichen.« Anscheinend wollen sie aber möglichst wenig verändern und vor allem den Nachtschalter beibehalten, damit man auch morgens um drei seine Leichen einwerfen kann. Der kleine gelbe Briefkasten neben dem rechten Schaufenster dient dann wahrscheinlich zum Einfüllen von Asche.

## Wie heißen Flusspferde in Wirklichkeit?

Der Berliner Zoo wirkt tief verschneit sehr angenehm, man möchte fast sagen, er macht einen würdevollen Eindruck. Es sind nur wenige Leute unterwegs und deshalb bestaunen die Tiere die Menschen. Zum Beispiel F. W. Bernstein und mich. Das Kamel blickt uns tief in die Augen und scheint gespannt, ob uns irgendein Vergleich einfällt, so eine Art Übertragung menschlicher Verhaltensweisen, etwa: »wie ein mürrischer Hausmeister eines altsprachlichen Gymnasiums versperrt uns plötzlich ein Kamel den Weg«, aber es ist einfach zu kalt für Vergleiche, Übertragungen und Allegorien. In der Anlage der Humboldtpinguine steht ein Graureiher und gibt sich große Mühe, wie ein Pinguin auszusehen. Die Pinguine glauben ihm kein Wort, aber uns kann er für zwei Sekunden täuschen. Hier ist die Evolution in vollem Gange, der Reiher hat vom Chamäleon gelernt und bald werden die ersten Exemplare in Berliner Behörden arbeiten, wo man sie von einem Sachbearbeiter nicht unterscheiden kann. In der Eisbäranlage gibt es jetzt sogar Eisschollen, es sieht fast schon zu echt aus. F. W. Bernstein hat den legendären Flusspferdbullen »Knautschke« noch persönlich gekannt und kann sich nicht vorstellen, dass er tatsächlich für die Stasi gearbeitet hat. Die Berliner lieben es traditionell, ihre Flusspferde zu demütigen, und geben ihnen Namen wie »Klops«, »Molle«, »Würstchen«, »Schrippe«, »Plumps« oder »Stulle.« Das haben die Tiere nicht verdient.

Aber wie heißen Flusspferde wirklich? Wenn man ihnen länger zuschaut, weiß man es sofort: »Dr. Mossleitner«, »Graf Moltke« und »Geheimrat Eisenhuth«. Das sind echte Flusspferdnamen!

Zum Aufwärmen geht es dann noch schnell ins Aquarium, wo man stundenlang dem Treiben der Quallen zuschauen kann, und weil es Winter und uns so lyrisch zumut ist, seufzen wir: »Quallen sind Schneeflocken unter Wasser.« Anschließend versprechen wir uns in die Hand, niemals einen Gedichtband mit diesem Titel zu veröffentlichen.

## Da liegt kein Segen drauf

Wenn es eine Berufsgruppe gibt, deren Arbeit ich größte Hochachtung entgegenbringe, dann sind das Sternsinger. Jedes Jahr rund um den 6. Januar schwärmen sie aus und schreiben einen Segen an die Haustüren, der wie eine Zauberformel klingt und wie eine mathematische Gleichung aussieht. Es ist eine verantwortungsvolle und wichtige Tätigkeit. In diesem Jahr wurde einfach nur ein Aufkleber mit der Formel (20 * C+M+B+10) in den Briefkasten geworfen, den sollte ich mir anscheinend sonst wohin kleben. Doch wahrlich ich sage: Sternsinger, das ist ein verhängnisvoller Irrweg! Wenn Gott gewollt hätte, dass wir unseren Kühlschrank mit Segensaufklebern schmücken, dann hätte er seinen Sohn nicht ans Kreuz nageln, sondern kleben lassen. Oder hätte er ihn tiefkühlen lassen? Wäre vielleicht noch logischer. Am dritten Tage auferstanden von dem Gefriergut.

## Stoffsammlung für einen Tannenbaumroman

Die meisten Weihnachtsbäume kommen aus Dänemark. Acht Millionen werden von dort zu uns gebracht. Sie stammen aus Weihnachtsbaumintensivmastbetrieben, werden mit wachstumsfördernden Hormonen hochgespritzt und sind extrem schreckhaft. Wenn man so einen Intensivmastwald betritt und einmal hustet, verlieren die Bäume gleich die Nadeln. Anfang Dezember werden sie alle geschlachtet. Warum stellt der Däne sein ganzes Land mit Tannenbäumen und warum stellen wir unsere Wohnzimmer mit dänischen Tannenbäumen voll? Diese Bäume verstehen uns ja noch nicht mal. Kein Mensch sagt einem, wie man einen dänischen Weihnachtsbaum korrekt anredet. Es ist jetzt Ende Januar und bei einem Kontrollgang durch mein Viertel stellte ich fest, dass der Tannenbaumhändler seine abgezäunte Verkaufsfläche noch immer nicht abgebaut hat. Ein Bauwagen, ein Biertisch mit zwei Bänken stehen verwaist und dazu zehn Weihnachtsbäume, die er nicht verkaufen konnte. Ein seltsamer Anblick, der einen melancholisch stimmt. Ihre Kollegen hatten glanzvolle Auftritte, standen reich geschmückt in den Wohnzimmern und hörten wohl hundertmal den Satz: »Dieses Jahr haben wir aber wirklich einen schönen Baum.« Inzwischen wurden sie abgeschmückt an die Straße gelegt und am 11. Januar von der Müllabfuhr abgeholt. Der 11. Januar war in unserer Stadt der Weihnachtsbaumabholtag. Diesem grausamen Schicksal sind die vergessenen Bäume entgangen. Sie haben den 11. Januar überlebt. Doch was soll jetzt aus ihnen werden? Könnten sie mir vielleicht als Anregung dienen für einen, nein, für *den* großen Weihnachtsbaumroman, den die Literaturkritik seit Jahrzehnten fordert?

Arbeitstitel: »Das Leiden nicht gekaufter Bäume.« Handlung? Zehn Weihnachtsbäume, oder besser neun, sonst klingt das zu stark nach Negerlein, werden nicht nur nicht verkauft, sondern von ihrem Besitzer vergessen und stehen bis weit in den Februar auf einem abgezäunten Areal herum. Eines Tages kommt ein Auto ins Schleudern und reißt eine Lücke in den Zaun.

Die Bäume erkennen ihre Chance und fliehen. Zunächst sind sie nur im Schutz der Dunkelheit unterwegs und halten sich überwiegend auf Grünflächen versteckt, wo sie sich tagsüber als Tannenwäldchen tarnen. Sie wandern ziel- und ahnungslos durch die ganze Republik, denn sie wissen nichts von Deutschland, weil sie ja aus Dänemark stammen. Bäume stammen übrigens naturgemäß immer irgendwoher. Ein skrupelloser Fabrikant für Nadelkissen fängt sie ein, sperrt sie in einen fensterlosen Raum und lässt sie für sich arbeiten, dabei stirbt ein Baum unter dramatischen Umständen, den anderen gelingt die Flucht. Sie kaufen sich Nadelstreifenanzüge, tarnen sich als sibirische Musikstudenten und betteln in der Fußgängerzone. Zwei Bäume werden drogensüchtig und nadeln sich zu Tode, am Ende bleibt nur einer übrig, der sich in eine junge Fleischfachverkäuferin verliebt, die ihn nach Hause einlädt. Dort stellt sie ihn in einen Ständer, legt ihm Schraubzwingen an, wirft ihm prächtigen Baumschmuck über und befestigt duftende Kerzen an seinen Ästen, der Baum muss ohnmächtig zusehen, wie sie es unter ihm mit dem Metzger treibt, und am nächstbesten 11. Januar wirft ihn das saubere Pärchen auf die Straße, wo ihn die Müllabfuhr abholt. Bevor der Baum in der Müllpresse zerquetscht wird, denkt er noch etwas bedeutungsvolles, etwa: »Wir Bäume haben doch immer die Arschkarte« oder »Was sind das nur für Zeiten, wo ein Roman über Weihnachtsbäume…« o.ä.. Vielleicht sollte der Baum noch herausfinden, dass seine Eltern hochrangige

Eichen und in der NSDAP waren, damit der Verlag auf die Buchrückseite schreiben kann: »Vor dem Hintergrund des Nationalsozialismus entfaltet der Autor ein ebenso faszinierendes wie beklemmendes Porträt einer verlorenen Baumgeneration.«

**Wie sieht eine unnormale Uhr aus**?

Im Kurort Bad Homburg steht in der Louisenstraße eine Säule, an deren Spitze sich eine Uhr befindet und die sonst vollständig mit Werbetafeln bedeckt ist. Ganz unten, wo eigentlich nur Hunde hingucken, liest man die trotzige Botschaft: »Normaluhren gehören ins Stadtbild.« Bezweifelt das hier etwa jemand? Was ist da los in Bad Homburg? Was haben sie dort gegen Normaluhren? Eine Normaluhr hat die Aufgabe, die so genannte Normalzeit allgemein zugänglich zu machen, deshalb ist sie an einer zentralen Stelle der Stadt positioniert. Eine zutiefst demokratische Einrichtung, hinter der eine fast schon kommunistische Idee steckt. Die Zeit gehört allen, jeder soll jederzeit die Zeit ablesen können ohne Ansehen von Stand, Geschlecht, Alter oder Steuerklasse. Das schmeckt ihnen da in Bad Homburg nicht, das kann man verstehen. Bad Homburg zählt zum Hochtaunuskreis, dem reichsten Landkreis Deutschlands. Noch vor dreißig Jahren saßen dort vor den Geschäften zwielichtige Gestalten, die einem für fünfzig Pfennig die exakte Zeit verrieten, für zehn Pfennig erfuhr man wenigstens, ob es schon dunkel war.

Heute besitzen die vermögenden Bürger der Stadt im Schnitt achtzehn Uhren, von denen die billigste 4000 Euro gekostet hat. Sie sind nicht daran interessiert, dass jeder dahergelaufene Hartz IV-Empfänger so einfach und umsonst Zeit ablesen kann, deshalb starteten sie eine Initiative, deren Ziel die Abschaffung der Normaluhr war, denn die Zeit gehört nur denen, die sie sich leisten können. Es ist bestimmt kein Zufall, dass viele reiche Russen zur Kur nach Bad Homburg fahren. Man weiß aus der schlimmen Zeit, dass der Russe sehr hinter Uhren her war und gerne drei bis fünf übereinander trug, was er heute wahrscheinlich immer noch macht und deshalb kein Interesse an Normaluhren hat. Lieber möchte er von armen Tagelöhnern nach der Uhrzeit gefragt werden, um dann, nach einem genießerischen Blick auf seinen uhrenübersäten Unterarm, mit bedauerndem Augenaufschlag zu antworten: »Zu spät, mein Freund, viel zu spät für dich!«

Es gab Demonstrationszüge, auf denen Transparente hochgehalten wurden mit Aufschriften wie »Zeit ist kostbar« oder »Zeit ist Geld« oder eben »Normaluhren raus aus Bad Homburg«. Es wurde durch mehrere Instanzen hart prozessiert, und jetzt muss das Verfassungsgericht entscheiden, ob es ein allgemeines Recht auf freien Zugang zu Zeitanzeigegeräten gibt. Aus Angst vor Racheakten hat der Betreiber der Uhr sein Bekenntnis architektonisch verbrämt und schüchtern an den Sockel der Säule geschraubt: »Normaluhren gehören ins Stadtbild.«

2010

# Februar

Unterwegs von Frankfurt nach Hamburg, aber eigentlich unterwegs in fremden Schränken: »Hallo, Frau Berger. Ja, ich sitze im Zug. Wie bitte, was suchen Sie? Also, links neben meinem Schreibtisch, da ist doch der Schrank, nein, nicht der, mit den Hängeregistraturen, genau, daneben, jaja, die Tür klemmt ein bisschen, Sie müssen erst drücken und dann ziehen, was?, nach links und da steht ganz oben, in der ersten oder zweiten Reihe ein Ordner mit einem blauen Rücken, nein, nein, nicht der mit den Pachteinnahmen, der ist unbeschriftet, also, genau, ja, schlagen Sie den mal auf, ganz vorne müsste der Vorgang sein, ja, hab ich vorgestern noch angelegt. Wie? Die Quittung? Ist in der Klarsichthülle dahinter.« Mindestens ein Schrankreiseführer sitzt in jedem Großraumabteil, das gehört zum Serviceangebot der Bahn. Da weiß man dann die Vorteile eines unbeschrankten Bahnübergangs zu schätzen.

Auf dem Rückweg wird es nicht besser. Während der ganzen Fahrt starrt mich ein älterer Herr ungeniert grinsend an. Er fragt mich: »Harndrang unter Kontrolle?« Und er verspricht: »Weniger müssen müssen. Auch unterwegs.« Was geht den Typ das an? Er ist zwar nur auf einem Plakat, aber dafür umso aufdringlicher. Eine eklatante Verletzung der Menschenwürde. Warum muss das Mittel gegen das Müssen ausgerechnet »Prostagutt« heißen? Erwartet uns demnächst ein Potenzmittel namens »Fickoflott«? Der Harndrangkontrolleur kann sein Wasser für sich behalten, aber nicht seine Werbebotschaft. Er sagt: »Nutzen Sie die doppelte Pflanzenkraft von Prostagutt forte.« Was ist denn doppelte Pflanzenkraft? Wurden etwa zwei Pflanzen zur Herstellung dieses dämonischen Präparats verwendet? Wegen der ständigen Verspätungen der Bahn wird allerdings auch Prostagutt bald an seine Grenzen stoßen und dem Harndrang eines Großraumwagens voller Schrankreiseführer nicht mehr gewachsen sein. Spätestens dann wird man uns mit Werbung für Inkontinenzwindeln malträtieren.

## Autosuggestionsprobleme

Man kann sich auch bahnfrei bewegen. Meine erste Fahrt in einem Auto, an die ich mich wirklich erinnern kann, fand etwa im Alter von sechs Jahren statt. Ich hatte keinen Führerschein, fuhr aber einen Bus der Firma Pahlmeyer & Studier. Man muss der Genauigkeit halber hinzufügen, dass ich nicht in dem Bus saß, sondern ihn von außen mit den Fingern steuerte. Der Bus war ein schön bemaltes Plastikmodell im Maßstab 1:87. Das Vorbild verkehrte vom Zentralen Bielefelder Busbahnhof nach Kirchdornberg. Ich fuhr damit zweimal in der Woche zu meiner Großmutter und hatte mir alle Geräusche, die der Bus unterwegs machte, genau eingeprägt. Ich konnte die gesamte zwanzigminütige Fahrstrecke wiedergeben. Dabei erzeugte ich einen tiefen, halb singenden, halb brummenden Ton – das war der Busmotor –, bei jedem Schalten heulte ich einmal kurz auf, bevor ich wieder gleichmäßiger vor mich hin brummte. Ich zog den Bus über die geometrischen Muster des Orientteppichs im elterlichen Wohnzimmer und brummte und heulte vor mich hin. Zwar bewegte ich den Bus von außen, saß aber gleichzeitig eigentlich auch drin und fuhr. Ich hatte eine gespaltene Fahrerpersönlichkeit. Auch das Zischen der druckluftbetriebenen Türen beherrschte ich und konnte alle Stationen durchsagen: »Nächste Betheleck« oder »Tierpark Olderdissen«. Das machten Busfahrer damals noch selber, wobei sie auf zusätzliche Informationen wie »Ausstieg in Fahrtrichtung rechts« oder »Umsteigen zu den Straßenbahnen Richtung Schildesche, Baumheide und Sieker« verzichteten. Erwachsene beobachteten mein Treiben lächelnd, aber eher uninteressiert, heute hätte man mich wegen motorischer Störungen längst zum Kinderpsychologen gebracht: »Ihr Sohn hat omnibuspotente Wahnvorstellungen, er leidet an einem Omnibuskomplex, er will seinen Vater töten, um mit seiner Mutter Bus zu fahren.« Damals machte man sich über ein dauerbrummendes Kind nicht so viele Gedanken, die Erwachsenen redeten einfach lauter, dann hörten sie mich nicht.

Den Bus selbst zu bewegen, wurde mir bald zu umständlich, und ich wandte mich dem Modelleisenbahnbau zu. Konstruktion, Verkabelung und Montage einer Bahnlandschaft interessierten mich nicht sonderlich, ich wollte eigentlich nur die Züge beim Fahren beobachten. Besonders liebte ich den dunkelroten Triebwagen oder Schienenbus, aus dessen Fenstern ein gleißend helles Licht flutete. Ich saß abends im dunklen Zimmer und sah dem Triebwagen zu, wie er seine Runden drehte. Strahlend glitt er durch die Pappmacheelandschaften, das Licht aus seinen Fenstern erleuchtete den Bahnhof Zindelstein und die verfallene Villa, von der ich einige Teile verloren hatte und sie deshalb als Bauruine verwendete. Ich konnte Stunden bewegungslos dasitzen und auf den Zug starren. Es war eine Art Meditation, eine Selbstfindung auf Schienen, natürlich nur im Maßstab HO. Wie hätte der Psychologe das wohl beurteilt? Litt ich an Zuganbindungsängsten? War ich etwa Triebwagengesteuert? Die Erfahrung muss mich jedenfalls nachhaltig geprägt haben, denn mein erstes eigenes Auto hatte die gleiche Farbe wie der Märklin-Triebwagen, die Innenraumbeleuchtung ließ jedoch zu wünschen übrig. Es war ein Ford 12m Turnier mit Lenkradschaltung, wobei ich bis heute nicht weiß, was 12m heißen sollte: 12 Meter Wendekreis oder 12 Meter lange Bremsspur? Ich besaß den Wagen zwei Jahre lang. In dieser Zeit war er höchstens drei Monate fahrbereit. Vor allem im Winter versagte er seinen Dienst. Der Wagen sah aber auch sehr gut aus, wenn er nur auf einem Parkplatz stand. Dann verbrauchte er kaum Benzin, sonst gerne mehr als 12 Liter. Deshalb wahrscheinlich 12m. Ich saß nachts oft am Fenster und schaute dem Wagen beim Parken zu. Ich sah, wie er nass und wieder trocken wurde und ich sah, wie er komplett unter Schneemassen verschwand. In einer kalten Winternacht zog ich mir einen Pullover über den Schlafanzug, stieg barfuß in meine Gummistiefel, entfernte den Schnee vom Türgriff, setzte mich in den Wagen und drehte zum Spaß den Zündschlüssel um. Der Wagen sprang zu meiner Überraschung sofort an. Ich schob den Schnee von der Windschutzscheibe und fuhr los, weil man nie wissen konnte, wann mir der Wagen wieder erlauben würde, ihn zu bewegen. Ich kam fast bis Wuppertal, musste dann aber umdrehen, weil ich mich nicht traute, mit Gummistiefeln und Schlafanzug zu tanken.

Vielleicht hatte ich dem Wagen mit dem Anblick auch zu viel zugemutet, jedenfalls sprang er danach nie wieder an, und ich verkaufte ihn schweren Herzens.

Danach begann eine längere autofreie Zeit, die durch den Erwerb eines wiederum dunkelroten VW Käfers beendet wurde. Über dieses Auto gibt es nichts zu sagen, was nicht schon hundertfach gesagt wurde. Im Sommer ging die Heizung nicht aus, im Winter war sie zu schwach, den Motor hatten Scherzkekse in den Kofferraum gezwängt, so dass man seine Koffer im leeren Motorraum transportieren musste. Der Käfer war kein Wagen, der sich gerne beim Parken beobachten ließ. Der Käfer wollte bewegt werden. Ich hatte immer ein schlechtes Gewissen, wenn ich mal nicht hinterm Steuer saß, das war für den Wagen verschwendete Lebenszeit. Ich nahm extra eine Arbeit in einer weit entfernten Stadt an, damit der Käfer Auslauf hatte, und besuchte Ausstellungen in fremden Bundesländern.

Dann lernte ich eine Frau kennen, die einen weißen Kadett Kombi fuhr. Wir beschlossen, fortan alles zu teilen, verkauften unsere Wagen und bestellten einen blauen Golf, den wir direkt am Werk in Wolfsburg in Empfang nahmen. Kurz darauf wurde sie schwanger. Falls es da einen Zusammenhang gibt, weiß ich nicht, ob es dabei am wichtigsten ist, dass der Wagen eine blaue Farbe hat, dass man ihn sich direkt in Wolfsburg abholt oder dass man vorher einen Kadett Kombi gehabt haben muss. Heutzutage kauft man sich nach Entwicklung des ersten Ultraschallbildes sofort einen sieben- bis zwölfsitzigen Kleinbus und klebt ein Schild »Ungeborenes Baby an Bord« hintendrauf, aber damals, 1987, fuhren wir Golf. Es kam dann noch ein Kind und auch das passte in den Golf, und auf den Golf passten noch vier Fahrräder. Es war ein zuverlässiges, unauffälliges Auto, aber es hatte mich in der Gewalt. Ich konnte nicht mehr entscheiden, wann ich wohin fahren wollte. Es musste ständig etwas damit geholt oder geliefert werden. Windeln, Keuchhustenmedizin, Nasentropfen, Kind von der Krabbelstube, Kind zum Waldorfkindergarten, zur Waldorfschule, zum Flötenunterricht, zum Gitarrenunterricht, zum Chor, zum Taek-Won-

Do, zum Bahnhof, zur Oma, Kindergeburtstagsgäste nach Hause, Möbelbausätze vom Möbelmarkt und wieder zurück zur Reklamation, Mineralwasserkästen und Biomöhren. Wenn ich mich an den Golf erinnere, sehe ich nur, wie ich irgendetwas in seine gierige Heckklappe stopfe oder wieder herauszerre. Eines Tages ließ sich die Fahrertür nicht mehr von innen öffnen. Der Wagen wollte mich nicht weglassen, ich sollte in ihm übernachten, bis er mich zur nächsten Lieferadresse transportieren konnte. Ich wartete das Ende des Jahrtausends ab und kaufte dann ein geckogrünes Auto aus französischer Herstellung. Inzwischen macht es keinen guten Eindruck mehr, ich habe sogar das Gefühl, der Wagen mag mich nicht, jedenfalls treibt er sich, so oft es geht, in irgendwelchen Reparaturwerkstätten herum. Mein Sohn hat letztes Jahr auf seiner ersten Fahrt als Führerscheinbesitzer die Beifahrertür eingedrückt, und auch sonst ist der Wagen reichlich heruntergekommen. Man kann das Fenster der Beifahrertür nicht mehr runterlassen. Wenn man jemand nach dem Weg fragen will, muss man aussteigen, und das macht auf viele einen bedrohlichen Eindruck.

Vor kurzem erzählte mir ein Freund, dass man beim Anblick mancher Autos sagt, hier habe jemand seinen Penis vor der Tür geparkt. Ich weiß nicht, ob diese Feststellung pauschal für jedes Auto gilt, aber es ist durchaus möglich, dass die Nachbarn von dem verbeulten Zustand des Wagens Rückschlüsse auf mein Geschlechtsorgan ziehen, die natürlich jeder

Grundlage entbehren. Trotzdem ist ein verbeulter Wagen, rein sexuell betrachtet, immer noch besser als ein tiefergelegter mit abgesägtem Auspuff oder mit Hängerkupplung.

Nach über dreißig Jahren Erfahrung als Fahrerlaubnis- und Wagenbesitzer komme ich langsam zu der Erkenntnis, dass man einem Auto nur sehr selten seinen Willen aufzwingen kann. Jedenfalls mir gelingt das nicht. Mir fehlt wohl die Fähigkeit zur Autosuggestion. Und wenn man selber am Steuer sitzt, kann man dem Wagen außerdem nicht beim Fahren zuschauen. Das ist ein entscheidender Nachteil. Vielleicht kaufe ich mir als nächstes wieder einen Triebwagen. Oder ein Auto, das sich von außen mit den Fingern dirigieren lässt. Ich kann jetzt auch viel tiefer brummen und beim Schalten würde ich besonders eindrucksvoll aufheulen.

## Auf dem Friedhof

Nach langer Zeit mal wieder die Abkürzung über den Friedhof genommen und dabei etwas Merkwürdiges entdeckt. Überall auf dem Gelände stehen Gestelle, an denen ca. siebzig Gießkannen hängen, und jede Gießkanne ist mit einem eigenen Schloss gesichert. Was steckt hinter diesem Sicherheitswahn? Als ich das meinem Schwiegervater erzählte, sagte er den rätselhaften Satz: »Kein Wunder, es wird nirgendwo soviel geklaut wie auf dem Friedhof.« Ich habe lange darüber nachgedacht und kann mir das nur so erklären: Nachts kommen die Toten aus ihren Gräbern und holen sich die

Gießkannen. Deshalb werden die alle angekettet. Wenn das so ist, dann werde ich in meinem Testament verfügen, dass ich mit mindestens einer Gießkanne bestattet werden möchte. Besser gleich mit drei. Gießkannen scheint man ja da unten am nötigsten zu brauchen. Gehörte wahrscheinlich auch zur Standardgrabbeigabe der ägyptischen Pharaonen. Dabei heißt es immer, man könne sowieso nichts mitnehmen und das letzte Hemd habe keine Taschen. Wäre aber besser, wenn es welche hätte, um eine Gießkanne mit in die Grube zu nehmen. Ich kann mir nur nicht vorstellen, was man im Grab damit macht, wässert man die Radieschen, die man von unten betrachtet?

Ich nehme eher an, es ist eine Vorbereitung auf das Jüngste Gericht. Das kündigt sich ja durch Trompeten an. Die Trompeten rufen zum Jüngsten Gericht, und die Toten üben schon mal auf Gießkannen, die verrotten nicht so schnell wie echte Trompeten. Das wird ein beeindruckendes Schauspiel, wenn das Ende der Welt dereinst bevorsteht und die Toten aus den Gräbern kommen, um auf grünen, blauen und gelben Plastikgießkannen zum Jüngsten Gericht zu blasen. Das klingt auch viel apokalyptischer als wenn sie Trompete spielen würden. Es kann aber wahrscheinlich erst zur Apokalypse geblasen werden, wenn die Toten eine bestimmte Anzahl von Gießkannen unter die Erde gebracht haben.

Und deshalb ist es wichtig, dass wir die Gießkannen auf dem Friedhof gut anketten.

*Nachtrag*: Die ganze Angelegenheit gestaltet sich übrigens noch viel komplizierter, wenn nicht grauenvoller. Als ich den Friedhof ein weiteres Mal inspizieren wollte, war er geschlossen und am Tor hing eine Mitteilung der Friedhofsverwaltung: »Leider werden immer wieder Gießkannen und andere Gegenstände hinter den Grabmalen gelagert, obwohl zu diesem Zweck Gießkannenständer an den Zapfstellen bereit stehen. Bedauerlicherweise kommt es deswegen zu teilweise schweren Verletzungen unserer Friedhofsmitarbeiter…«

Schlimm! Die Toten legen die Gießkannen also mit Absicht hinter die Grabmale, in der Hoffnung, dass Friedhofsmitarbeiter dadurch zu Tode kommen und das apokalyptische Blasorchester verstärken.

## Moa

Schon seit meiner Kindheit fasziniert mich der Moa, ein riesiger, flugunfähiger Vogel, der auf Neuseeland lebte. Ich begeistere mich aber nicht grundsätzlich für ausgestorbene Riesentiere. Das Riesenfaultier interessiert mich zum Beispiel überhaupt nicht, denn in unserem Haushalt lebte fast zwanzig Jahre ein Exemplar, dass sich als mein Sohn ausgab. Mit Riesenfaultieren bin ich durch. Mit Moas verhält sich das schon anders. Sie wurden bis zu 3,50 Meter groß und verteidigten sich durch kraftvolle Fußtritte. Wissenschaftler der University of Adelaide fanden jetzt zweifelsfrei heraus, dass Moas überwiegend braunes Gefieder hatten, um sich zu tarnen. Das war vielleicht keine so gute Idee. Wenn sich so ein riesiger Moa hinter einem braunen Busch versteckte, dann war vor allem der Busch gut getarnt. Die Moas waren schlechte Tarner, denn sie sind ausgestorben, Büsche gibt es dagegen immer noch auf Neuseeland. Die Maoris haben die Moas ausgerottet. Maoris sind keineswegs Anhänger der Lehren von Mao tse Tung, obwohl es nicht ausgeschlossen ist, dass es maoistische Maoris gibt. Ein Erfolg versprechender neuseeländischer Romantitel wäre also »Marodierende maoistische Maoris auf Moajagd«.

## Selbstanzeige

Ich muss zugeben, dass mir der ständige Ankauf von CDs mit Steuersünderdaten durch die Bundesregierung immer einen Schock versetzt. Grundsätzlich befriedigt das Vorgehen meinen Gerechtigkeitssinn, denn ich persönlich habe überhaupt keine Möglichkeit, Geld an der Steuer vorbei in die Schweiz zu schaffen. Einfach mangels Geld oder weil mein Steuerberater nicht kreativ genug denkt. Trotzdem ist es so, dass auch ich das deutsche Finanzamt und damit eigentlich das deutsche Volk betrogen habe. Das lastet mir auf der Seele und deshalb will ich es hier in aller Öffentlichkeit beichten: Ich heiße Hans und bin ein Steuersünder. Es passierte im Jahr 2008. Ein Händler machte mir ein tolles Angebot. So billig bekäme ich das nie mehr und ich sei doch Journalist und könne alles absetzen. Ich bin solchen Argumenten oft sehr hilflos ausgeliefert und kaufte also die Ware. Ich ließ mir eine Quittung geben und setzte den Betrag von €2,50 in der Steuererklärung unter »Fachbücher« ab, obwohl das gar nicht stimmte. Ich wollte die Bücher eigentlich nur lesen. Es handelte sich um »Goldene Beine« von Gerd Müller und »Versuch einer Naturgeschichte des Hamsters« von Friedrich Gabriel Sulzer. Gerd Müllers Buch wurde mit freundlicher Unterstützung der Mars Schokoladen GmbH geschrieben und glänzt durch fantastische Kapitelüberschriften wie »Müller und Shaw« oder »Die Vorteile des Branco Zebec«. Noch großartiger ist die Naturgeschichte des

Hamsters, darin erfährt man: »So viel und so verschieden der Hamster das Fressen liebt, so wenig ist er ein Liebhaber vom Trinken. Er säuft sehr selten und nicht viel auf einmal.« Ein Hamster könnte also kaum Ratspräsident der evangelischen Kirche werden. Papst aber auch nicht, denn »zu Ende April fangen sie an, sich zu begatten«. F. G. Sulzer muss jedoch zugeben: »Die Art, wie diese Tiere ihre Liebeshandlungen verrichten ist mir nicht bekannt, da sie unter der Erde geschieht.« Wie gesagt, ich habe mich hinreißen lassen, diese faszinierenden Werke von der Steuer abzusetzen, obwohl ich wusste, dass ich sie niemals in einem Text verwenden würde, da ich weder für Hamstermagazine noch Gerdmüllerorgane schreibe.

## Vollendete Täuschung

Heute habe ich zum ersten Mal meine Zahnpasta bei Rewe gekauft, und ich glaube, das könnte zur Gewohnheit werden. Es macht einfach Spaß, die Tube anzuschauen, sie löst in mir ganz zahnpastauntypische Gefühle aus, Heiterkeit, Verblüffung, Staunen, ich weiß gar nicht, wie ich das beschreiben soll. Die Zahnpasta heißt »Rot Weiss«, und obwohl ich es inzwischen besser wissen müsste, erwarte ich jeden Abend, dass eine rotweißgestreifte Paste aus der Tube kommt. Sie ist aber nur weiß. Ein sanitäres Trompe d'œil. Das ist ganz große Kunst. Hier wird gekonnt mit den Erwartungen des Zähneputzers gespielt. Das ist wie weißes Schwarzbrot oder grüner Rotkohl. So wird Zähneputzen zu einem fast surrealen Akt, oder wäre »Rot Weiss« eher die Zahnpasta der Fluxusbewegung?

## Egomanie

34% Prozent aller Bürger über vierzehn Jahren haben sich in einer Umfrage dazu bekannt, schon einmal das Internet nach dem eigenen Namen durchforstet zu haben. Ich bin auch über vierzehn und muss zugeben, dass ich das ebenfalls schon mal getan habe. Natürlich auch nur einmal. Am Tag. Öfter würde sich nicht lohnen, weil sich da nicht so viel verändert. Ich bringe es im Moment auf 30600 Treffer bei Google, was schon mal besser war. Meine Frau bringt es allerdings nur auf sieben Treffer. Sechs davon, weil sie Mitglied des Fördervereins im Gymnasium unserer Tochter ist. 30600 und 7, diese Zahlen vermitteln einem erst mal sehr anschaulich die eigene Bedeutung, die allerdings außerhalb des Internets stark abnimmt. Im Rahmen eines Beziehungsgesprächs bringt der Satz: »Wie redest du denn mit einem, der 30600 Treffer hat«, überhaupt keine Vorteile. Das macht nicht den geringsten Eindruck. Nur in Kollegenkreisen kann man einen gewissen Neid damit hervorrufen, obwohl dort das so genannte »Ego-Googeln« eigentlich verpönt ist, jedenfalls darf man es nicht zugeben. Wer Egogoogelt fühlt sich schuldig, das ist so etwas wie onanieren. Wobei es sich beim Onanieren um eine Tätigkeit mit gewissen Höhepunkten handelt, während das Selbergoogeln häufig deprimierend wirkt. Wenn man beispielsweise feststellen muss, dass seit Wochen nichts Neues über einen geschrieben wurde, außer in einem Artikel in einer Dresdner Zeitung. Ein Totalverriss einer Lesung, die ich eigentlich als ganz gelungen im Gedächtnis behalten hatte. Anscheinend war sie das aber gar nicht. Den größten Teil der Treffer machen Angebote von Buchhändlern und -Versendern aus. Es ist frappierend, wie viele Firmen es gibt, die anderen Menschen meine Bücher zuschicken wollen. Man könnte fast glauben, die wollten sie unbedingt loswerden. Auch der längst verstorbene Bischof Christian Zippert und die Dortmunder Spedition Zippert & Co mischen sich unter die Treffer für meinen Namen, dabei ist auffällig, dass es so gut wie keine Verrisse über Speditionen gibt. Man könnte ja immerhin anmerken, dass sie manchmal einen Hänger haben oder überladen wirken. Auch der Bischof wird fast ausschließlich positiv beurteilt. Das gibt mir zu denken. Wahrscheinlich sollte ich umschulen und Spediteur für theologisches Gedankengut werden.

## Famous last words

In diesem Monat starb, wie statistisch nicht anders zu erwarten war, Elisabeth Noelle Neumann. Ihre letzten Worte sind leider nicht überliefert, aber grundsätzlich sollte sich jeder, der im Sterben liegt, bemühen, mit einer originellen Wendung auf den Lippen zu verenden. Goethes letzte Worte waren bekanntlich: »Mehr

Licht«, Oscar Wilde soll geäußert haben: »Entweder die Tapete oder ich, einer von uns beiden muss gehen«, Jesus sagte: »Es ist vollbracht«, und Hemingway sagte: »Ich glaube, ich habe den Herd angelassen.« Die letzten Worte müssen sitzen, denn man kann sie normalerweise nicht noch mal sprechen. Außer man ist der Dalai Lama. Bei der aktuellen Ausgabe handelt es sich schon um die sechzehnte Wiedergeburt, er konnte also seinen letzten Satz bereits fünfzehn Mal verändern und verfeinern. Das macht den Dalai Lama zum Letzte-Worte-Champion, zum Sterbe-Profi. Wahrscheinlich arbeitet der Dalai Lama auch gar nicht an seinen letzten Worten, weil er sich sagt, dass kann ja dann meine 25. oder 50. Jubiläumswiedergeburt übernehmen. Ich habe nun wirklich kein Recht, mich in irgendeiner Form in die Belange des geistigen Oberhaupts der Tibeter einzumischen, aber ich würde ihm diesen Satz vorschlagen: »Heute ist nicht alle Tage, ich komm wieder, keine Frage.« Das sagte Paulchen Panther immer am Ende jeder Folge von »Der rosarote Panther«. Davor sang ein Kinderchor: »Wer hat an der Uhr gedreht, ist es wirklich schon so spät?« Auch das wäre ein schöner Satz, der sich vielleicht nicht für den Dalai Lama eignet, aber Sie und ich, liebe Leser, könnten mit diesen Worten einigermaßen originell dem Tod auf die Schippe springen.

## Trockenrauchgedanken

In meiner Kindheit traten Raucher vor allem auf Zugfahrten in Erscheinung. Ich erinnere mich an endlos lange Reisen von Bielefeld nach Bad Segeberg, die man immer wieder für längere Zeit unterbrechen musste, in Orten wie Löhne, Bad Oldesloe oder Altenbeken. Dort gab es dann dürftig beleuchtete, überheizte Wartesäle, in denen die Atemluft durch ein Konzentrat aus Schweiß, nassen Schirmen und Zigarettenqualm ersetzt worden war. Das erzeugte einen dichten Nebel, aus dem irgendwann ein unfreundlicher Kellner auftauchte, der einem mitteilte, man solle gefälligst etwas bestellen, anderenfalls habe man den Wartesaal unverzüglich zu verlassen. Ich musste immer heftig schlucken und bekam nur mühsam Luft, meine Mutter saß mir hilflos gegenüber und umklammerte ihre Handtasche, in der sich unser Notvorrat an Frischluft befand. In meiner Erinnerung sind diese Räume riesengroß und hoch. Dicke dunkelbraune Vorhänge hatten ungeheure Rauchmengen gespeichert, falls zufällig mal nicht genügend Raucher anwesend sein sollten. Damals waren mindestens sieben von zehn Deutschen nikotinabhängig. In den Zügen fand man oft nur noch einen Platz im Raucherabteil, was ganz besonders schrecklich war. Aber es gab einfach sehr viel mehr Raucher- als Nichtraucherabteile. Die Raucher saßen einem mit harten, abweisenden Gesichtern gegenüber, manchmal musterten sie einen abschätzig, bevor sie weitere Qualmkontingente ins Abteil bliesen. Als Nichtraucher konnte man nichts gegen sie ausrichten. Der Qualm einer Overstolz überdeckte problemlos den Geruch eines Leberwurstbrots, und auch ein gekochtes Ei konnte sich olfaktorisch nur wenige Sekunden im Vordergrund halten. Außerdem schmeckte das alles nicht, wenn neben einem zwei Leute dramatisch an ihrer Eckstein No.5 saugten.

Die Raucher inhalierten den Sauerstoff direkt durch die Zigarette. Ihre Zigarette war eine Art Schnorchel, mit dem sie uns den Sauerstoff entzogen und als Zigarettenqualm zurückgaben. Sie wirkten wie eine andere humanoide Spezies, sie ernährten sich von gasförmigen Speisen und hatten durch das Rauchen eine besondere Form der Kiemenatmung entwickelt.

In meiner Jugend war ich umgeben von Rauchern. Alle meine Freunde rauchten aus Leibeskräften. Es sei eine Sucht, sagten sie mit ernsten Gesichtern, und ich solle mich freuen, dass ich Nichtraucher sei. Dann begannen sie, den Tabaksbeutel aus der Tasche zu ziehen und sich vergnügt eine zu drehen. Damals wurde mir endgültig klar, dass Raucher nicht nur eine andere, sondern die überlegene Art waren. Raucher hatten immer etwas zu tun. Selbstdreher natürlich am allermeisten. Sie hantierten unentwegt mit ihren Raucherutensilien, konnten peinigende Gesprächspausen mühelos überbrücken und hatten immer einen Vorwand, Frauen anzusprechen, die natürlich auch begeistert rauchten. Sie konnten überall und mit jedem ins Gespräch kommen, und ihr Kommunikationsinstrument war die Zigarette. Wenn der Gegenüber dann ausnahmsweise mal nicht rauchte, zögerten sie nicht, dem anderen sofort zu versichern, wie gut er es habe. Sie würden ja auch gerne aufhören, aber könnten leider nicht.

Die hatten ihre Sucht, ich hatte gar nichts. Ich konnte einfach nicht rauchen. Dabei wäre ich gerne Raucher geworden, aber ich schaffte es nicht. Ich hatte mir irgendwann mal ein Päckchen Camel gekauft und es versucht, war aber vor lauter Husten nicht zum Rauchen gekommen. Es wollte mir nicht in den Kopf, und in die Lungen erst recht nicht. Erfahrene Raucher versicherten mir, dass sei nur am Anfang so, spätestens nach der ersten Schachtel hätte ich mich daran gewöhnt und das Rauchen würde mir zur Selbstverständlichkeit werden. Das erschien mir blödsinnig. Wieso sollte ich eine Schachtel lang husten, mein erstes Bier hatte mir ja auch sofort geschmeckt, und die erhoffte Wirkung stellte sich schon beim zweiten ein. So gab ich das Rauchen auf, bevor ich damit angefangen hatte, was ja nun besonders albern war. Ein ganz kleiner Rest von Raucher ist aber dennoch in mir geblieben. Ich ertappe mich manchmal in Situationen, in denen ich mich cool und unbeobachtet fühle, wie ich zwei Finger zum Mund führe, meinen Lippen eine unsichtbare Zigarette entnehme und deren unsichtbaren Rauch lange und genussvoll in den Raum blase, wobei ich leicht nachdenklich, aber überlegen in unsichtbare Fernen blicke. Das passiert fast immer im Auto, während im

Radio Rauchermelodien wie »Ricky don't loose that number« von Steely Dan oder »Oye como va« von Santana laufen. Es sind höchstens zwei oder drei Züge, die ich da nehme, dann bemerke ich die Frau im Auto neben mir, die mich schon missbilligend beobachtet, und ich lasse die unsichtbare Zigarette im Fahrgastraum verschwinden. Mein Auto ist voll von diesen unsichtbaren Dingern. Ich bin mir nicht ganz sicher, wie man diese Manie nennen soll, wahrscheinlich ist es so etwas wie Trockenrauchen. Und wahrscheinlich wird das auch bald verboten. Kneipen müssen extra Räume für Trockenraucher einrichten, und wenn man sich ein unsichtbares Päckchen Trockenzigaretten kauft, steht darauf: »Vorsicht! Trockenrauchen führt zum Verlust Ihrer Würde und macht Sie gesellschaftlich unmöglich.«

# 2010

# März

## Wir sind die Stichpiraten

Leider wird es bald wieder wärmer, denn das verleitet Menschen dazu, sich Kleidungsstücke anzuziehen, die viele Stellen ihres Körpers unbedeckt lassen. Vor allem die Stellen, die sie für viel Geld beschriften ließen in Läden mit Namen wie »Pretty in Ink«, »Stichpiraten« oder »Tatoo for you«. Besonders gelungen finde ich das »Sunshine und Tattoostudio«, wo man sich gleichzeitig bräunen und bläuen lassen kann. Früher waren nur Matrosen und Insassen von Strafanstalten tätowiert. In meiner Jugend kannte ich nur einen Tätowierten, und der war obdachlos und saß vor Karstadt. Deshalb dachte ich lange Zeit, eine Tätowierung sei so etwas wie eine Behinderung, wegen der man nicht arbeiten könne. Heute ist die Mehrheit der Deutschen tätowiert, obwohl es doch gar nicht so viele Arbeitsplätze für Matrosen geben kann. Aus Rollkragenpullovern züngeln auftätowierte Flammen am Hals ganz normal aussehender Damen empor, deren oberer Steißbereich außerdem mit verschwenderischen Ornamenten geschmückt ist. Chinesische Schriftzeichen verzieren Ober- und Unterarme, Bilder in der Manier flämischer Meister bedecken die Waden junger Männer. Selbst ein völlig untätowiert wirkender Körper ist heutzutage wahrscheinlich nur eine besonders kunstvolle Form der Tätowierung. Jedes Jahr lässt Angelina Jolie eine neue Tätowierung auf ihrem Körper anbringen. Überschüssige Tinte lässt sie sich dann in die Lippen füllen. Angelina Jolie gilt als Schauspielerin, für sie ist es wahrscheinlich wichtig, ihre einzelnen Körperteile zu beschriften, damit sie sie voneinander unterscheiden kann.

Ich hatte eigentlich schon diese schalen Witze über das Tätowieren aus meinem Gedächtnis verdrängt, als ich vor einigen Monaten in allen Tageszeitungen gleichzeitig mit einem erschreckenden Bild konfrontiert wurde. Es zeigte Campino, den üppig tätowierten Sänger der Toten Hosen, wie er sich an einem Fotoapparat festhält. Der Regisseur Wim Wenders hatte ihm gesagt, er solle für die Dauer des Films »The Palermo Shooting« so tun, als ob er ein Fotograf wäre, und man sieht es Campino deutlich an, dass er den ganzen Film angestrengt darüber nachdenkt, was man als Fotograf wohl für ein Gesicht machen muss. Weil er damit schon genug zu tun hatte, konnte er sich nicht auch noch seinen ganzen Text merken, und hat ihn sich einfach auftätowieren lassen und zwar in Geheimschrift. Sonst wüssten die Zuschauer ja immer schon, was er sagen wird.

Es ist bestimmt ein Vorurteil, aber ich traue niemandem, der sich den Körper beschriften lässt, und deshalb könnte ich mir diesen Film auch niemals ansehen. Meinen Kindern habe ich frühzeitig verboten, sich tätowieren zu lassen, wenn sie es doch tun, habe ich ihnen gesagt, würde ich sie enterben. Pathetisch rief ich aus: »Ihr seid mir untätowiert übergeben worden, und so will ich euch auch ins Leben entlassen.« Sie haben sich daran gehalten, obwohl ihnen eigentlich ein Blick auf unser Auto oder das, was wir seit zehn Jahren als unseren Wohnzimmertisch bezeichnen, reichen müsste, um zu bemerken, dass es da gar nichts zu erben gibt. Entweder sind sie nicht besonders intelligent oder besonders feinfühlig.

Andere Eltern haben augenscheinlich weniger Probleme damit, man sieht in den Einkaufszonen sehr häufig Paare, bei denen sowohl die Frau als auch der Mann tätowiert sind. Ich frage mich, ob deren Kinder auch schon tätowiert zur Welt kommen. Sind Tattoos vererbbar? Und welche Tätowierung setzt sich dann durch? Jedenfalls sagt man nicht mehr: »Der Junge hat meine Augen«, sondern »der hat meine Tätowierungen«. Fragen die Eltern nach glücklich verlaufener Geburt: »Was ist es denn?«, erhalten sie von der Hebamme zur Antwort: »Ein Matrose.« Und dann überreicht sie ihnen einen Säugling, auf dem steht deutlich zu lesen: »Alles Fotzen außer Mutti.«

## Der magische Rasierpinsel

Wenn überhaupt Tätowierungen, dann natürlich wiederabwaschbare. Die könnte man bei uns in der Taunus-Drogerie kaufen. Da hängen sie schon an der Eingangstür unter der Bezeichnung »Removable Tattoos«. Die Muster wirken etwas altmodisch und ausgeblichen und das ist kein Wunder, denn die Auslagen sind seit längerer Zeit nicht gewechselt worden. Man kann gar nicht sagen, ob die Waren in Euro, D-Mark oder Reichsmark ausgezeichnet sind. Die Taunus-Drogerie öffnet nämlich nur alle drei Jahre. Ohne Vorwarnung. Vielleicht auch nur alle vier Jahre und immer nur für ein paar Stunden. Beim letzten Mal war ich gerade mit meiner Tochter in der Stadt, und sie hat sich eine Haarklammer gekauft und ich einen Rasierpinsel. Die Taunus-Drogerie bietet die größte Auswahl an Haarklammern, Haarreifen, Haarbürsten und Rasierpinseln, die man sich vorstellen kann. Die komplett mit Haarklammern ausgefüllten Schaufenster wirken wie ein Kunstwerk. Man könnte den ganzen Laden in einem Museum für Moderne Kunst wieder aufbauen. Über den Besitzer sind jede Menge Geschichten im Umlauf, fast alle haben mit Alkohol zu tun, und das sind meistens keine schönen und immer die gleichen Geschichten.

Ich glaube allerdings, auf dem Ladenbesitzer liegt ein Fluch, möglicherweise enthielt eines der wiederabwaschbaren Tattoos in Wirklichkeit eine Dämonenbeschwörungsformel, jedenfalls muss der Ladenbesitzer ruhelos über den ganzen Erdball irren, wobei er ständig Zeit und Raum wechselt, und nur alle paar Jahre kommt er nach Oberursel, um dort seinen Laden zu öffnen. Wenn man dann etwas einkauft, wird einem großes Glück zuteil, denn alle Waren sind mit wirkungsmächtiger Magie aufgeladen. Das stimmt wirklich, denn seit ich den Pinsel benutze, habe ich mich nie mehr beim Rasieren geschnitten. Das Haar der Tochter aber ist sehr lang und dicht geworden, und Friseure machen ihr einen kostenlosen Schnitt, wenn sie es nur mal anfassen dürfen.

## Das seltenste Gebäck der Welt

Es heißt immer, man könne in unserer durchglobalisierten Welt jederzeit alles kaufen. Erdbeeren im Winter und Grünkohl im Sommer und Maibock im Herbst und Grüne Soße und frischen Spargel zu Weihnachten. Aber es gibt Dinge, die kriegt man nicht immer und jederzeit, und das sind: Amerikaner. Ein ganz besonderes Gebäck. Vor allem wegen dem Triebmittel, das für seine Herstellung verwendet wird: Ammoniumhydrogencarbonat. Wenn man das erhitzt, spaltet es oberhalb von etwa 60°C Ammoniak, Wasser und dazu noch Kohlenstoffdioxid ab. $NH_4HCO_3 \longrightarrow NH_3 + H_2O + CO_2$. Das macht den Teig locker und sorgt für eine einzigartige Geschmacksnote, denn bei stärkerer Backhitze bilden sich besondere Aromen. Man nannte die Kuchenstücke deshalb zunächst Ammoniakaner, was sich dann zu Amerikaner verschliffen hat. Dass das Wort Ammoniumhydrogencarbonat den Bestandteil »drogen« enthält, weist auf das Suchtpotential dieses Gebäcks hin. Und nicht nur ich bin ihm verfallen, sondern große Teile der Bevölkerung, denn spätestens um 12:00 Uhr kann man in meiner Heimatstadt keine Amerikaner mehr bekommen, obwohl es von Bäckereien oder bäkkereiidentischen Ersatzgeschäften nur so wimmelt. Die Leute sind verrückt danach, sie schmeißen sich das Zeug ein wie LSD-Trips. Ich würde es genauso machen, wenn ich nur an den Stoff rankäme. Manchmal habe ich Glück und es ist irgendwo noch ein leicht verbeulter Amerikaner übrig geblieben, mit rissiger Glasur oder einer merkwürdigen gelblichen Eiterbeule, die Ende März als »Osterei« verkauft wird. Den pfeif ich mir natürlich auch rein. Am besten drei hintereinander. Die Wirkung setzt umittelbar ein, zunächst ein gewisses Völlegefühl, dann eine leichte Überzuckerung und schließlich eine große Zufriedenheit mit den herrschenden Zuständen. Doch sobald die Wirkung nachlässt und mir bewusst wird, dass ich nirgendwo mehr Nachschub bekommen werde, schlägt meine Stimmung um in eine große Unzufriedenheit mit den herrschenden Zuständen. Wir Amerikanerjunkies sind natürlich nur hinter dem reinen weißen Stoff her. Amerikaner mit dunkler Unterseite oder Schwarzweiße können mir gestohlen bleiben. Guter Stoff ist immer Weiß, ob es sich nun um Kokain, Heroin, Aspirin oder Ammoniakaner handelt.

## Frag nicht, was du für andere tun kannst, frag lieber, wann sie was für dich tun

Im Frühjahr blieb mein Auto auf der A45 stehen, weil ein Riemen, der, wie mir später erklärt wurde, praktisch die Hauptschlagader oder die

Leber oder Lunge des Fahrzeugs ist, durchgerissen war. Ich stand hinter der Leitplanke bis über die Knie im Schnee und wartete zwei Stunden auf einen Abschleppwagen, der mich in einen Ort namens Waldbröl brachte.

Das war der Moment, wo ich mich ernsthaft fragte, ob ich eigentlich noch die richtigen Leute kenne. Früher hätte ich in so einer Situation Hamu angerufen. Und wenn Hamu nicht gerade in der Milchbar in Uetze gesessen hätte, wäre er sofort gekommen. Er hätte seinen riesigen, schlecht erzogenen Hund in seinen riesigen, alten Passat gepackt und wäre ohne zu zögern von der Zonengrenze bis ins Sauerland gefahren. Und das alles nur mit einer Kassette von Ten Years After. Ich fahre heute nicht mal mehr in den Baumarkt, ohne fünf verschiedene CDs mitzunehmen, aber es geht hier um die richtigen Leute und nicht um die richtige Musik.

Hamu hätte etwas länger gebraucht, weil ihm unterwegs noch das Benzin ausgegangen und der Auspuff abgefallen wäre. Das stellt aber für ihn als gelernten KFZ-Mechaniker kein Problem dar, er kann alles reparieren, was einen Motor hat. Vor dreißig Jahren hätte ich also ihn angerufen, und das größte Problem dabei wäre gewesen, im Sauerland ein Telefon zu finden. Heute arbeitet Hamu als Landschaftsgärtner, und ich würde es nicht mehr wagen, ihn nach Waldbröl zu zitieren.

Die Frage stellte sich mir immer dringender: Wen kenne ich eigentlich noch, der mir wirklich nützlich sein könnte, ohne dass hinterher umfangreiche moralische und handwerkliche Verpflichtungen auf mich zukommen? Es ist nämlich wichtig, dass man selber keine allzu großen Gegenleistungen erbringen muss. Man sollte am besten zwei linke Hände haben oder zumindest den Eindruck erwecken, als könne man keinen Dübel in die Wand bringen. Mir geht dieser Ruf glücklicherweise voraus, obwohl ich gerade erst die Birne in der Kühlschrankbeleuchtung ausgewechselt habe. Da war ich vorher nie drauf gekommen, und unsere vierköpfige Familie irrte acht Jahre lang in einem finsteren Kühlschrank herum, warf Sahnebecher um und legte erstaunliche Schimmelkulturen an, weil man im Dunkeln den Joghurtbecher hinter den Silberzwiebeln nicht mehr sah. Ich habe es aber vermieden, damit anzugeben, weil ich sonst als Kühlschrankexperte ständig von angeblichen Freunden angerufen würde.

Mein Schwiegervater besitzt insgesamt drei Töchter, und als ich ihn kennenlernte, hatte er die erste mit einem Architekten und die zweite mit einem Orthopäden verheiratet und starrte mich entsetzt an, weil ich kein Jurist war. Damals fand ich das reaktionär, heute leuchtet es mir ein. Ich hätte nichts dagegen, wenn meine Tochter einen KFZ-Mechaniker bzw. Mechatroniker und mein Sohn eine Rechtsanwältin heiraten würde oder auch umgekehrt, also der Sohn die Mechatronikerin und die Tochter den Juristen. Gut wäre auch, wenn beide jeweils einen reichen Erben heiraten würden, weil Geld brauche ich auch oft, und ich kenne keinen, der mir einfach mal welches geben würde.

Jeder weiß, dass man wenigstens zehn Leute

zu seinen Freunden zählen sollte: einen Juristen, einen Zahnarzt, am besten auch einen Zahntechniker, einen Automechaniker, einen, der ein Haus auf Sylt hat und einen, der ein Haus in St. Jean Luz hat, einen Schreiner, einen Trockenbauer, einen Installateur und einen Elektriker. Kennen kann man außerdem: einen Makler, einen Steuerberater, einen Friseur und jemand, der ein Auto mit Anhängerkupplung und am besten mehrere Anhänger hat.

Ich weiß natürlich, dass es in einer Freundschaft eigentlich um Selbstlosigkeit geht, da sollte der Kosten-Nutzen-Aspekt überhaupt keine Rolle spielen. Man ist ja nicht mit jemand befreundet, weil er einen Dampfstrahler und ein Vertikutiergerät besitzt, sondern man schätzt ihn irgendwie, obwohl er das alles nicht hat. Trotzdem ist es kein Fehler, insgeheim mal eine Art Kassensturz zu machen und den Tatsachen ins Auge zu sehen, damit man weiß, wo man steht und ob man tatsächlich für jede Kleinigkeit den passenden Handwerker bestellen muss.

Man sollte ruhig eine Liste anlegen, auf der man jedem Freund die entsprechenden Fähig- und Fertigkeiten zuordnet, und das dann am besten auch so in sein Telefon einspeichern. Dann merkt man ganz schnell, ob man überhaupt die richtigen Leute kennt, und da bin ich bei mir nicht so ganz sicher.

Beginnen wir mit Daniel, ein netter Mensch, mit dem man unglaublich gut sehr viel trinken und der Geheimnisse für sich behalten kann. Daniel züchtet Zwergpapageien, sogenannte Unzertrennliche. Er beherrscht das hervorragend, weiß, welche Vögel er zusammenstecken muss, um die großartigsten Farbgebungen zu erzielen.

Dafür bewundere ich ihn, aber wann könnte mir seine Fähigkeit von Nutzen sein? Vielleicht, wenn ich mal einen Zwergpapageienfilm drehen will und dringend Darsteller brauche. Nein, da fehlt die Dramatik. Eine reiche, mir bis dahin unbekannte Tante vererbt mir ein Vermögen. Ihre einzige Bedingung: innerhalb von vier Wochen will sie eine Fassung von »Vom Winde verweht« haben, in der alle Rollen von Zwergpapageien gespielt werden. Da wäre mir Daniel auf jeden Fall von großem Nutzen.

Karina ist Trägerin des schwarzen Gürtels im Hatha-Yoga, beherrscht okkulte Praktiken wie Familienstellen und hat vor allem eine Ausbildung als Altenpflegerin. Das klingt extrem nützlich, aber wenn ich alt bin, ist sie auch alt und wer weiß, wer dann am Ende wen pflegen müsste und ob mir die dauernde Familienstellerei nicht zu laut wäre.

Aber was ist mit Holger? Der hat tatsächlich eine Ausbildung als Steuerberater, nur dass er leider nie in dem Beruf tätig war, sondern seit zwanzig Jahren Betriebsrat in einem großen Unternehmen ist. Wozu könnte ich einen Betriebsrat brauchen? Sollte ich jemals Angestellte haben, wäre ein Betriebsrat wohl das letzte, was ich brauchen könnte.

Edwin hat Kunst studiert und verdient sein Geld heute mit dem Beschriften von Körpern. Ich hoffe nicht, dass ich jemals so verzweifelt bin, ihn um einen Freundschaftsdienst zu bitten und mir irgendwelche chinesischen Schriftzeichen eintätowieren zu lassen, deren Bedeutung weder Edwin noch mir so richtig klar ist.

Wenigstens in dem Fall könnte mir Sarah von Nutzen sein, denn sie hat Sinologie studiert und würde mir meine Tätowierung ins Deutsche übersetzen.

Angela bietet Führungen in einem ostwestfälischen Heimatmuseum an. Das ist eine sehr spezielle Fähigkeit, die man nur ganz selten brauchen kann. Genau genommen nur, wenn man ein ostwestfälisches Heimatmuseum besucht. Dann aber ist es sehr nützlich, wenn man Angela kennt.

Bernd und Rüdiger haben ein Karthografie-Unternehmen, sie malen Stadtpläne, und wenn ich mal eine Stadt habe, werde ich bestimmt noch froh sein, sie zu kennen.

Laura sitzt in der Jury eines recht ordentlich dotierten Literaturpreises, aber damit sie mir nützlich werden könnte, müsste ich wenigstens einen Roman vorweisen, und ich habe in meinem Freundeskreis niemanden, der mir den schreiben könnte.

Außer vielleicht Martin Mosebach. Den kenne ich ehrlich gesagt nicht besonders gut, aber er begrüßt mich meistens, wenn wir uns zufällig begegnen, und tut auch so, als würde er sich freuen mich zu sehen, bis er endlich jemand Bedeutenderen erspäht hat. Es wäre vielleicht gar nicht dumm, den Kontakt zu intensivieren, denn, wie ich von Eckhard Henscheid gehört habe, kennt Mosebach auch den Papst, und der Papst ist der Stellvertreter Gottes. Das heißt: über Mosebach hätte ich einen direkten Draht zu Gott. Das kann nie verkehrt sein.

Mit Politikern bin ich nicht befreundet, mein Nachbar war früher Bürgermeister einer Hochtaunusgemeinde, er hat mir mal ein Starthilfekabel geborgt, aber das hatte mit Politik nichts zu tun. 1990 schüttelte ich Hans-Dietrich Genscher die Hand, doch daran wird er sich nicht erinnern, und ich wüsste auch gar nicht, welchen Gefallen er mir tun könnte.

Geschichtlich gesehen hängt wohl immer alles davon ab, die richtigen Leute zu kennen. Im Guten wie im Schlechten. Wenn Kolumbus nicht die richtigen Leute gekannt hätte, wäre er niemals nach Amerika gekommen, und um den 3. Punischen Krieg zu gewinnen, musste man auch die richtigen Leute kennen, nämlich Römer. Hätte man hauptsächlich Karthager in seinem Freundeskreis gehabt, dann wäre die Sache schlecht ausgegangen. Osama bin Laden kannte ebenfalls die richtigen Leute, und er hat es so geschickt eingerichtet, dass er ihnen hinterher überhaupt keinen Gefallen mehr tun musste.

Aber wie sieht es eigentlich in meiner näheren Verwandtschaft aus? Grundsätzlich handelt es sich um sehr nette Menschen, aber wirklich nützlich sind sie wahrscheinlich nicht. Bis auf meine Mutter, die als gelernte Krankenschwester fast schon zu gut Bescheid weiß. Wenn ich mal ein Medikament verschrieben kriege, sagt sie entweder: »Was, haben die noch immer nichts anderes erfunden?« Oder: »Das soll ja so viel Nebenwirkungen haben, sei bloß vorsichtig.« Ich nehme dann die Medizin nie ein und bin immer gesund geworden. Natürlich glauben die Ärzte, es liege an ihren Verschreibungen, und so bin ich, dank meiner Mutter, für die Ärzte sehr nützlich, weil ich ihr Selbstwertgefühl steigere.

Meine Mutter bringt mir also durchaus Vorteile, aber sie erwartet auch Gegenleistungen, und da sie mich gut kennt, weiß sie auch, was sie von mir verlangen kann. Tatsächlich habe ich ihr gerade erst eine neue Backofenleuchte eingesetzt. Eine Mutter hat sowieso jeder, aber manche haben eben noch Onkel mit Häusern in San Francisco oder Amsterdam und Tanten mit einer Wohnung in Arosa.

Ich habe nur meine Cousine Ulla, die seit zwanzig Semestern studiert. Sie wäre mir also von Nutzen, wenn ich mich in irgendeiner Mensa nicht zwischen Stammessen I oder II entscheiden könnte. Onkel Arno ist Rentner und Kleingärtner, von ihm kriege ich immerhin kostenlose Johannisbeeren. Tante Margot kann hervorragenden Mohnkuchen backen, und Onkel Ernst war Vertreter für Backhefe. Wahrscheinlich weiß er, wie man an das Zeug günstig rankommt, aber es geschieht einfach zu selten, dass man größere Mengen Backhefe braucht. Tante Hannelore ist bei den Zeugen Jehovas, und das sollte man nicht unterschätzen. Die wissen nämlich genau, wann die Welt mal wieder untergeht. Ich werde Tante Hannelore sicherheitshalber demnächst anrufen und das Datum anschließend über Mosebach von Gott bestätigen lassen.

## 2010

# April

### Naheliegende, aber großartige Marketing-Idee

Wenn es schon *Welt – kompakt* gibt, sollte man dann nicht die normale *Welt*-Ausgabe *Welt unkompakt* nennen? Vielleicht sogar *Weltunkompakt*?

### Lob aus berufenem Munde

»Ich muss sagen, Ihr Kopf stellt doch immer wieder eine Herausforderung für mich dar.« Diese erstaunliche Feststellung traf mein Friseur, nachdem er mir den Umhang abgenommen hatte und einen Spiegel hinter meinen Kopf hielt, damit ich im Spiegel vor meinem Kopf überprüfen konnte, wie mein Kopf von hinten aussah. Ich fühlte mich von seinen Worten sofort geschmeichelt, fragte aber dennoch, wie denn das genau gemeint sei. »Sie haben so dichtes Haar und das wächst irgendwie so direkt aus dem Kopf.« Leider kam gerade ein neuer Kunde in den Salon, so dass ich keine weiteren Informationen bezüglich meines Kopfes erhielt. Ich habe also dichtes Haar, das ist in meinem Alter nicht die Regel, aber auch nicht so ungewöhnlich wie die Tatsache, dass es direkt aus meinem Kopf herauswächst, während es bei den meisten anderen wohl direkt aus dem Kopf fällt. Keine schöne Vorstellung. Vielleicht kriecht es den anderen auch eher aus dem Kopf und ringelt sich schlangengleich auf der Kopfhaut. Oder es wächst indirekt, also eher aus den Ohren oder wie bei Theo Waigel aus den Augenbrauen. Ich will mir das gar nicht so genau ausmalen, wie beim Rest der Menschheit das Haar seinen Weg ins Freie findet, und bei Vielen wachsen die Haare ja anscheinend direkt in den Kopf, jedenfalls kommt oben nicht mehr viel raus. Ich habe mir die Worte des Friseurs schon für meinen Grabstein vorgemerkt: »Sein Kopf war immer wieder eine Herausforderung.« Aber dann könnten die Leute denken, das wäre das Grab von Heiner Geißler oder Kurt Biedenkopf oder noch schlimmer: Hanns-Olaf Henkel.

Wahrscheinlich wachsen meine Haare sogar nach meinem Tod weiter und müssen vom Friedhofsfriseur mit dem Rasenmäher gekürzt werden. Angemessen wäre also ein Spruch wie: »Er ruhe in Frieden, wenn es seine Haare schon nicht tun.«

## Schlaf der Vernunft

Wo wir gerade von Ruhestätten sprechen, dürfen wir von den Matratzen nicht schweigen. Ich beobachte in den letzten Jahren eine besorgniserregende Zunnahme von Matratzenläden.

Keine Ahnung, wo Matratzen früher verkauft wurden, ich nehme an, man hatte eine und die wurde durch die Generationen vererbt. Heute gibt es in jeder größeren Stadt ein »Dänisches Bettenlager«, das sich anscheinend eines großen Zuspruchs erfreut, sonst würden ja nicht immer mehr dieser Bettenlager existieren. Dänisches Bettenlager ist eine vollkommen irrsinnige Geschäftsidee und eine sehr unschöne Wortkombination. Zunächst mal klingt das nach Dreißigjährigem Krieg. Wallensteins Lager vs Dänisches Bettenlager. Darüber hinaus hat das Wort Lager in Deutschland keinen guten Klang. Ich zucke jedesmal zusammen, wenn ein Verkäufer einen Artikel »aus dem Lager« holen muss. Bei Monopoly hieß es immer: »Aus Lagerverkäufen erhältst du 100 Mark.« Der reine Hohn. 100 Mark nutzen einem bei Monopoly überhaupt nichts. Was aber soll, um alles in der Welt, ein dänisches Bettenlager sein? Fürchten die Dänen den Schlaf (als kleinen Bruder des, Sie wissen schon?) und haben sie deshalb mal alle Betten in Lager gesperrt? Gab es Bettenpogrome in Dänemark? Gab es gar eine Zeit, in der man als Bett in Dänemark seines Lebens nicht mehr sicher war? Oder ist das dänische Bettenlager einfach nur ein Vorposten des schwedischen Möbellagers IKEA?

Wenn es in einer Stadt kein dänisches Bettenlager gibt, dann aber auf jeden Fall ein »Matratzen-Outlet«. Das ist ein Laden, aus dessen Schaufenstern den Passanten riesige Prozentzahlen anbrüllen: »82%! 75%! Nur noch kurze Zeit! Rausverkauf!« Ein ungeheurer Lärm schlägt einem aus diesen Matratzengeschäften entgegen. Kleine Zahlen wurden durchgestrichen und durch große, noch lautere ersetzt. An Schlaf ist da jedenfalls nicht zu denken. Und was da alles angeboten wird: Viskoelastische Matratzen beispielsweise aus »Memory Foam«, einem »Formgedächtnis-Polymer«, also einer Schaummasse, die sich merkt, wer und wie auf ihr schläft. Will man das wirklich? Matratzen, die sich alles merken? Sind Matratzen das Gedächtnis der Menschheit? Werden an Gedenktagen bald neben dem Bundespräsidenten auch viskoelastische Matratzen auftreten? Oder ist schon der nächste Bundespräsident eine Matratze bzw. eine Matratzin?

## Die eben schon erwähnte Backofenbirne meiner Mutter

In diesem Monat habe ich auf fünf verschiedenen Matratzen geschlafen, sie lagen in Oberursel, Meran, Venedig, Verona und Bielefeld. Ich weiß nicht, welche davon sich noch an mich erinnert, ich erinnere mich hauptsächlich an die in Venedig, weil ich noch nie in meinem Leben in Venedig geschlafen habe. Auch in wachem Zustand war ich noch nie in Venedig. Das gibt's doch nicht, wird mancher denken, ein Kerl, dem das Haar direkt aus dem Kopf wächst, und war noch nicht in Venedig? Stimmt aber, es hat sich einfach noch nie ergeben, außerdem dachte ich, Venedig könne man sich sparen, weil es da genauso aussieht wie man sich's vorstellt. Aber in Wirklichkeit kann man sich so einen Ort überhaupt nicht vorstellen. Venedig ist ein wirklich überzeugender Gottesbeweis. Auf so etwas kann kein Mensch kommen. Ich habe die Rialto-Brücke fotografiert, als Beweis, dass ich in Venedig war, und ich habe einige erstaunliche Piktogramme entdeckt.

Eins klebt an den öffentlichen Papierkörben der Stadt, und daraus geht hervor, dass es verboten ist, Waschmaschinen und Stühle in den Papierkorb zu werfen. Ich habe keine Ahnung, warum man in Venedig darauf hinweisen muss. Es ist extrem schwierig, einen Stuhl in so einen Abfalleimer zu quetschen, von einer Waschmaschine überhaupt nicht zu reden. Aber warum wird dann extra davor gewarnt? Es ist anscheinend ein altes Grundrecht der Venezianer, ihre Stühle und Waschmaschinen auf öffentlichen Plätzen zu entsorgen. Das wurde ihnen schon unter den Dogen zugestanden, aber in die heutige Zeit passt das natürlich nicht. Die Touristen würden diesen Brauch ebenfalls nicht gutheißen, deshalb die Schilder, an die sich auch alle halten, denn man sieht keine Stühle in Abfalleimern. Möglicherweise gibt es auf einer abgelegenen Laguneninsel ein Waschmaschinen- und Stuhllager. Von Dänen geführt.

Eine Sammlung von neun wunderschönen Piktogrammen will dem Besucher den richtigen Umgang mit Gondeln beibringen. Ein Bild warnt davor, dem Gondoliere Papiergeld zuzuwerfen, auf einem anderen sieht man viele Männchen auf einer Gondel, darüber steht »Max« und darunter eine »14«. Bedeutet: nicht mehr als vierzehn Personen, die Max heißen, dürfen mitfahren. Besonders rätselhaft ist ein Bild, auf dem zwei Personen unter einer Waage hindurchfahren. Das bedeutet wohl, dass man immer zu zweit sein sollte, wenn man unter einer Waage hindurchfährt. Und das zeigt: obwohl es tausende von Artikeln über Venedig gibt, weiß man noch immer nicht alles über diese Stadt.

(Oder wussten Sie, dass Donna Leon ihre Bücher nur deshalb in der Lagungenstadt spielen lässt, damit der Literaturkritiker Denis Scheck einmal im Jahr in Venedig ein Interview mit ihr führen kann?) Das Erstaunlichste aber widerfuhr mir, als ich bei meiner Heimkehr ganz unten in meinem Rucksack eine kleine Glühbirne und eine Glasabdeckung zu Tage förderte.

Die hatte ich die ganze Zeit durch Venedig geschleppt und durch Meran und Verona auch. Die Birne hatte ich einige Tage vor meiner Abreise nach Venedig im Backofen meiner Mutter herausgeschraubt, um sie auszutauschen. Im Zuge des ganzen sogenannten Packstress' war mir die Birne völlig entfallen, und so ist sie mit mir nach Venedig und zurück gefahren. Ich glaube, es ist die erste Backofenbirne der Welt, die eine Reise nach Venedig gemacht hat, und natürlich auch die erste Backofenbirnenglasabdeckung. Ich finde das bemerkenswert in einer Zeit, die doch nach immer neuen großartigen Höchstleistungen sucht. Sollte ein Verleger bereit sein, ein Buch über »Die Abenteuer einer Backofenbirne in Venedig« herauszubringen, so möge er sich bei mir melden. Arbeitstitel: »Lagunenglühen«, oder »Wenn die Gondeln Backofenbeleuchtung tragen«.

## Aus einer einzigartigen Sammlung

Das ist aber nicht das einzige vielversprechende Buchprojekt, das ich anzubieten hätte. In meinem Arbeitszimmer steht eine blaue Plastikkiste, die bis zum Rand mit Dingen gefüllt ist, von denen ich nicht weiß, wo ich sie sonst einordnen sollte. Es sind erstaunliche Dinge, auch wenn man es ihnen auf den ersten Blick nicht ansieht. Jedes Ding hat eine Geschichte zu erzählen, und weil die Gegenstände das so schlecht selbst können, es sei denn, es handelt sich um Matratzen mit Gedächtnisschaum, übernehme ich das Erzählen für sie. Ich stelle mir vor, dass Verlage wie Schirmer oder Taschen mir demnächst viel Geld bieten für ein Buch mit dem Titel »Die Sprache der Dinge – Höhepunkte der Sammlung Zippert«, 440 Seiten, Fadenheftung, durchgehend vierfarbig, mit einem Vorwort von Donna Leon und Denis Scheck.

Als ersten und zufällig ausgewählten Gegenstand meiner Sammlung möchte ich das Objekt »Shoe Factory« vorstellen. Ich erwarb es 2002 in Toronto. Von außen ähnelt es einem billigen blauen Plastikei. Doch ein Druck auf einen geschickt verborgenen Hebel lässt den Deckel des Eis aufspringen und man erhält unter einer Plexiglaskuppel Einblick in die Fabrik. Man sieht drei Mäuse, die mit der Herstellung eines Schuhs befasst sind. Eine Maus steht im Schuh und schwingt einen Mäusehammer, die anderen Mäuse wollen jeden Moment zu Nadel und

Faden greifen, sie bewegen sich einige Sekunden hektisch hin und her, bis der Aufziehmechanismus abgelaufen ist. Man begreift nicht, wie Menschen so etwas Fantastisches, so etwas Filigranes herstellen können. Ein Werk, das bei allen spielerischen Aspekten auch einen dezidiert aufklärerischen Charakter hat. Es macht uns bewusst, dass, während wir schlafen, Mäuse auf der ganzen Welt an unseren Schuhen arbeiten. Unter unvorstellbaren Bedingungen. In blauen Plastikeiern.

## Schuldgefühle

Könnte es sein, dass auch ich eine Mitschuld an der Griechenlandkrise trage? Ich habe seit mindestens 25 Jahren nicht mehr beim Griechen gegessen und ich bin noch nie in Griechenland gewesen. Das war ein Fehler, mir wäre bestimmt was aufgefallen. Jetzt ist es zu spät. Die Katastrophe ist da, denn ich höre oder lese mindestens dreimal am Tag den furchtbaren Satz: »Die Griechen müssen ihre Hausaufgaben machen.« Hat es denn wirklich daran gelegen? Dann sollte man den Griechen kein Geld geben, sondern Hausaufgabenhilfe.

## Vaterschaftstest

Früher war es ziemlich einfach, Vater zu sein. Morgens, wenn die Kinder noch schliefen, ging er aus dem Haus, um Geld für Ausbildung und Aussteuer zu verdienen. Abends kam er manchmal noch rechtzeitig, um ihnen gute

Nacht zu sagen. Am Wochenende knurrte der Vater ein paarmal hinter der Zeitung hervor, bevor er widerwillig mit den Kindern in den Zoo ging. Doch das war einmal. Väter sind jetzt nicht nur bei der Zeugung, sondern auch bei Geburt und Aufzucht der Nachkommenschaft dabei, und zwar ständig. Begeistert und vor Rührung tränenblind starren sie auf verfärbte Schwangerschaftsteststreifen und laufen anschließend sofort los, um einen Renault Espace oder einen VW Tuareg zu kaufen. Sie sitzen beim Frauenarzt in der ersten Reihe und können gar nicht genug von den grisseligen Ultraschallbildern bekommen, auf denen angeblich Spuren von menschlichem Leben zu erkennen sein sollen. In den Geburtsvorbereitungskursen bringen sie durch lautstarkes Stöhnen die Hebammen zur Verzweiflung. Und natürlich auch durch ihre Fragen, denn die neuen Väter haben sich informiert, sie kennen die gängigsten 55 Gebärmethoden, unter Wasser, über Wasser, in der Luft, im Lift und im Hocken, und besuchen mit den gestressten werdenden Müttern sämtliche Geburtshäuser und Kliniken im Umkreis von zweihundert Kilometern. Sie fordern von den Ärzten polizeiliche Führungszeugnisse und beschäftigen sich wochenlang mit Testberichten für Kindersitze, -wagen und Buggys.

Früher genügte es werdenden Vätern, der Schwangeren hin und wieder ein Glas saure Gurken mitzubringen und dann vor dem Kreißsaal rauchend auf und ab zu gehen. Heute sind die wenigsten Väter in der Lage zu rauchen, aber dafür sind sie direkt in die Kreißsäle vorgedrungen, wo sie das Personal von der Entbindungsarbeit abhalten, weil sie beim Anblick einer Presswehe sofort ohnmächtig werden. Bleiben sie bei Bewusstsein, rauben sie allen den letzten Nerv, weil sie das Geschehen unbedingt aus dem besten Winkel filmen und fotografieren und dabei noch mit der Frau hecheln wollen. In Oldenburg bestand kürzlich ein Vater sogar darauf, die Geburt zu wiederholen, weil er im entscheidenden Moment vor Aufregung den Finger vor die Kameralinse gehalten hatte.

Der Übergang vom Menschen zum Vater erfolgte noch vor wenigen Jahrzehnten zwar überraschend, aber weitgehend ohne Komplikationen. Das lag daran, dass es noch keine Bücher gab, in denen der neue Aggregatszustand erklärt und problematisiert wurde. Man konnte höchstens den eigenen Vater fragen, doch der war ja auch nur irgendwie so da reingerutscht. Zur Zeit werden in den Buchhandlungen ca. vierzig Werke angeboten, die Männer auf die Vaterschaft vorbereiten und sie dabei begleiten wollen. Sie tragen Titel wie »Hilfe, wir sind schwanger«, »Vater werden – und was mir vorher keiner gesagt hat«, »Das Papa-Handbuch«, Papas Schwangerschaftskalender«, »Zen für Papa«, »Das Baby-Buch für neue Väter«, »Mensch Papa« oder »Überleben an der Wickelfront«.

Großartige Selbsterfahrungsberichte sind darunter, in denen die Vaterschaft als »letztes großes Abenteuer« bezeichnet wird. Nachdem sie Nord- und Südpol, die Quellen des Nil und den Mond entdeckt haben, leiden Männer unter Bedeutungs- und Ansehensverlust und stürzen sich auf den letzten unentdeckten Kontinent, der bisher fast ausschließlich von Frauen bewohnt war und wo Männer nun wirklich nichts zu suchen haben. »Wir wollen Schwangerschaft und Geburt aktiv miterleben ... und das gemeinsame Leben aktiv mitgestalten«, drohen unverhohlen und schwer aktiv die Autoren des »Papa-Handbuchs«. »Sobald man Ihrer Frau die Schwangerschaft ansieht, sollten Sie ihr helfen, ihren Kleiderschrank neu zu sortieren«, rät, vollkommen ironiefrei, ein gewisser James Douglas Barron in seinem Standardwerk »Sie bekommt ein Baby und ich die Krise«, und er befiehlt außerdem: »Ermutigen Sie Ihre Frau ihre Beckenbodenübungen zu machen« und »Richten Sie das Babyzimmer ein«. Wenn ein Mann erst einmal so weit ist, dann wird es kurz nach der Geburt bei ihm sicher auch zum Milcheinschuss kommen.

Immer mehr Männer nehmen geradezu begeistert Schwangerschaftsurlaub, bleiben zuhause und schicken die Frau ins Büro. Das lässt sich in den Zeiten der globalen Finanzkrise natürlich besonders gut nachvollziehen. Wenn weder Fond noch Depot so richtig wachsen wollen, dann schaut man wenigstens zu, wie das Kind ständig größer wird. Man kann es auch so ausdrücken: Kinder sind ein Wachstumsmarkt. Man vermehrt nicht mehr das Kapital, sondern die eigene DNA.

Es ist wohl kaum verwunderlich, dass in dieser verwirrten Zeit ein Mann namens Thomas

Beatie bereits zwei Kinder zur Welt gebracht hat. Dieser Trend wird sich mit Sicherheit fortsetzen, obwohl die meisten schwangeren Männer einfach nur übergewichtig sind. Man spricht da von Scheinschwangerschaft. Erschreckenderweise ist kaum ein Mann heute noch in der Lage, den Vatertag angemessen zu feiern. Statt mit einem Bollerwagen durch die Botanik zu ziehen, sich dort sinnlos zu betrinken und schlecht zu benehmen, verbringen 80 Prozent aller Väter diesen Tag laut Umfragen »am liebsten mit der Familie«.

Früher litten Kinder gerne unter der Abwesenheit des Vaters. Nie war er für sie da, immer unterwegs, betrunken, im Krieg oder trieb sich mit anderen Frauen herum oder alles zusammen. Eindrucksvolle Romane, Theaterstücke und Filme sind daraus entstanden. Thomas Mann traumatisierte sämtliche Nachkommen und erfüllte dadurch seine Vaterpflichten vorbildlich, er hätte niemals einen Kurs für Babymassage besucht, Windeln gewechselt oder seine Kinder im Tragetuch herumgeschleppt. Die Kinder wussten aber ihre unglückliche Jugend durchaus künstlerisch umzusetzen. Franz Kafka litt besonders intensiv an einem verständnislosen Vater, und welch einzigartige Literatur ist dabei herausgekommen? Marvin Gaye wurde sogar von seinem eigenen Vater erschossen, weil der nicht mit seinem Lebenswandel einverstanden war, hatte die Zeit davor aber genutzt, um unsterbliche Songs zu schreiben. Der Vater von Brian Wilson war ein Sadist, der Sohn konnte seinen Grausamkeiten nur entgehen, indem er Musik machte, und schuf folgerichtig mit den Beach Boys die großartigsten Werke der Popmusik.

Diese Art von Vätern ist sehr selten geworden. Jahrzehntelang wünschten sich Frauen den verständnisvollen, sensiblen, verantwortungsvollen Vater, der immer für seine Kinder da ist, und nun haben sie ihn. So ein Vater dient seinen Kindern natürlich nicht mehr als Inspirationsquelle für das eigene künstlerische Schaffen, stattdessen beutet er seine Nachkommen gnadenlos selber aus. Schreibt alles auf, was sie sagen oder nicht sagen und veröffentlicht dann Bücher wie »Der kleine Erziehungsberater« oder »Salve Papa«. Natürlich kann man auch an solchen Vätern leiden, aber literarisch ist das wenig ergiebig.

Tatsächlich werden Schriftsteller und Journalisten hauptsächlich deshalb Väter, um endlich Stoff zum Aufschreiben zu haben. Sie brauchen die Kinder als Stichwortgeber. Was leider nicht immer funktioniert. Ich habe zwei Kinder, vor deren Erscheinen ich endlos öde Geburtsvorbereitungskurse besuchte. Ich habe Stoffwindeln gewechselt, gewaschen und Wollhosen nachgefettet, ich habe Vollkornbreie zubereitet und verfüttert, mit Ökoholzspielzeug herumgefuhrwerkt, Zwerge aus Knetwachs geformt oder aus Wolle gefilzt, die Kleinen zum Kindergarten gebracht, Kürbisse mit ihnen ausgehöhlt und sechsstündige Elternabende in der Waldorfschule klaglos abgesessen. Aber das Ergebnis erwies sich als dürftig. Lustige oder wenigstens altkluge Aussprüche waren die Ausnahme, meine Kinder ließen es sehr an Originalität mangeln. Jedenfalls sind nicht mehr als zwei kurze Kolumnen und eine dreiseitige Geschichte dabei herausgekommen. Meine Kinder waren in literarischer Hinsicht eine einzige Enttäuschung. Sie weigerten sich, mir eine Inspirationsquelle zu sein, und ich konnte ihnen noch nicht mal den strengen, despotischen Vater geben, der es ihnen ermöglicht hätte, zu ernstzunehmenden, gebrochenen Persönlichkeiten heranzureifen. Und das Schlimmste: Ich weiß noch nicht mal, wen ich dafür verantwortlich machen soll. Die Kinder, meinen Vater, die Gesellschaft oder doch die Waldorfschule?

2010

# Mai

## Springflutkatastrophe

Vor einigen Jahren stand in beinahe jedem Garten ein weißes Partyzelt, inzwischen befindet sich an der Stelle ein Trampolin. Es sind teilweise gigantische Aufbauten, oft mit einem Fangnetz gesichert, die einen großen Teil der Gartenfläche einnehmen. Die Deutschen sind zu einem Volk der Trampolinspringer geworden. Aber was macht dieses ständige Springen mit den Deutschen? Gewöhnt es sie an das Auf und Ab der Börsenkurse? Erleben sie sich als Spielball der Elemente? Des Schicksals? Auf jeden Fall ist das die Bewegungsform der Zukunft. Die Bürgersteige werden aus nachfedernden Materialien bestehen und wir hüpfen zum Bus oder zum Supermarkt. Mit der Zeit wachsen uns Beutel am Bauch, in denen wir unsere Kinder oder Einkäufe transportieren. Die Frage ist: geht das auch mit Rollator, und wann kommt endlich der Trendsport »Nordic-Trampolin-Springing«?

## Wahrnehmungsstörungen

Ich werde alt. Bei einem Rundgang durch meine Heimatstadt stelle ich fest, dass es dort mehrere gastronomische Betriebe gibt, die »Sky« heißen. Es dauert etwas länger, bis ich begreife, dass es sich hier nicht um eine Kneipenkette handelt, die dem Durstigen den Trinkerhimmel verspricht, sondern einfach um Gaststätten mit Pay-TV-Anschluss. Skylose Wirte sollten meiner Ansicht nach zumindest ein Schild mit der Aufschrift »ZDF und Deutschlandfunk« raushängen.

## Essen für Afrika

Im ICE isst man im Speisewagen nicht nur, um satt zu werden, sondern auch, um die Welt zu verbessern. 50 Cent pro »Aktionsgericht« gehen nämlich sofort an die Initiative »Spitzenköche für Afrika«. Das erweckt zunächst den Eindruck, man spende, damit Spitzenköche nach Afrika reisen können und den Menschen dort fünfgängige Menüs zubereiten oder ihnen die Vorzüge der Molekularküche näherbringen. Doch die Aktion »Spitzenköche für Afrika« ist Teil der noch größeren Organisation »Menschen für Menschen«. Heißt das etwa, mit dem Verzehr eines Aktionsgerichts ermögliche ich einem mittellosen Kannibalen, frisches Menschenfleisch möglichst aus Freiland- oder Bodenhaltung zu erwerben?

Natürlich nicht, für so etwas würden sich Sarah Wiener oder Tim Mälzer niemals hergeben.

Das Geld wird für den Bau von Schulen in Äthiopien gebraucht. Ich habe im letzten Monat mindestens zehn Mal im Speisewagen gegessen, also sind schon fünf Euro nach Äthiopien unterwegs. Damit kann man dort wahrscheinlich eine Grundschule mit Turnhalle bauen. Jedenfalls lese ich sehr oft Meldungen, aus denen hervorgeht, dass man schon mit 20 Cent im Monat einem Kind in Burkina Faso unglaubliche Dinge ermöglichen kann. Ich bin ja nicht der Einzige, der im Speisewagen Aktionsgerichte zu sich nimmt, es sind längst Tausende von Euro nach Äthiopien geflossen und das ganze Land hat womöglich bald die größte Schuldichte Afrikas. In wenigen Jahren wird Deutschland überschwemmt mit perfekt ausgebildeten Äthiopiern, die uns die Arbeitsplätze wegnehmen, und wir können nichts dagegen tun, weil wir durch das viele Aktionsessen im Speisewagen träge und fett geworden sind.

## Die gelbe Gefahr

Man fragt sich, warum eigentlich soviel Raps angebaut wird. Für das Auge sind die leuchtend gelben Felder ein angenehmer Anblick, aber brauchen wir diese Rapsmengen tatsächlich? Dr. Klaus Kliem, der Vorsitzende der Union zur Förderung von Oel- und Proteinpflanzen e.V., spricht von »Deutschlands schönsten Ölfeldern« und nennt sie eine »Quelle für einen kulinarischen Schatz, der es Wert ist, entdeckt zu werden«. Ich glaube, das Ganze ist eher eine langfristig angelegte Imagekampage für die

FDP. Man muss also damit rechnen, dass wütende Bürger bald die ersten Felder zerstören.

## Ersatzmusiker

Bei einer Aufführung der h-Moll-Messe von Johann Sebastian Bach mit barocken Instrumenten erscheinen zuerst Chor und Orchestermusiker, und dann kommen noch drei Männer mit Trompeten, die entfernt einer Vuvuzela ähneln, sowie eine Dame mit einem Hornblasinstrument von fast brezelhafter Gestalt und nehmen ganz am Rand der Bühne Platz. Die Brezelbläserin sitzt sogar noch drei Meter von den Trompetern entfernt. Dann erscheint John Eliot Gardiner und es geht los. Alle Musiker haben ordentlich zu tun, nur die vier am Rand sind zur Untätigkeit verurteilt. Sind das Auswechselspieler? Ich gebe zu, ich bin kein regelmäßiger Konzertbesucher, und die h-Moll-Messe habe ich noch nie vorher gehört, deshalb mögen meine Überlegungen etwas ignorant wirken. Aber die Messe wird ohne Pause gespielt, und da könnte es doch sein, dass Gardiner irgendwann, wenn die ersten Bläser schlapp machen, frische Kräfte bringen will. Das ist seine Ersatzbank. Und mit der Brezelbläserin will er wahrscheinlich beim Gegner Verwirrung stiften. Aber wer ist in einem Konzert eigentlich der Gegner? Der Komponist? Oder der Veranstalter?

Nach einer halben Stunde werden die Trompeter auf ein geheimes Zeichen von Gardiner eingewechselt. Sie treten drei Schritte nach vorne und lassen ihre Instrumente jubilieren.

Dann müssen sie sich wieder setzen, es war wohl doch nicht so gut. Die Brezelbläserin wird von Gardiner nach einer Stunde Spielzeit gebraucht. Sie darf ganz nach vorne kommen und entlockt ihrem Instrument sehr unbrezelhafte Töne. Gardiner lässt sie fast drei Minuten gewähren, dann muss auch sie sich wieder setzen*. Die Trompeter bekommen später noch eine Chance, aber die Messe bringt er dann doch lieber mit der Anfangsformation zu Ende. Vielleicht lässt er beim nächsten Mal die Geiger auf der Bank sitzen.

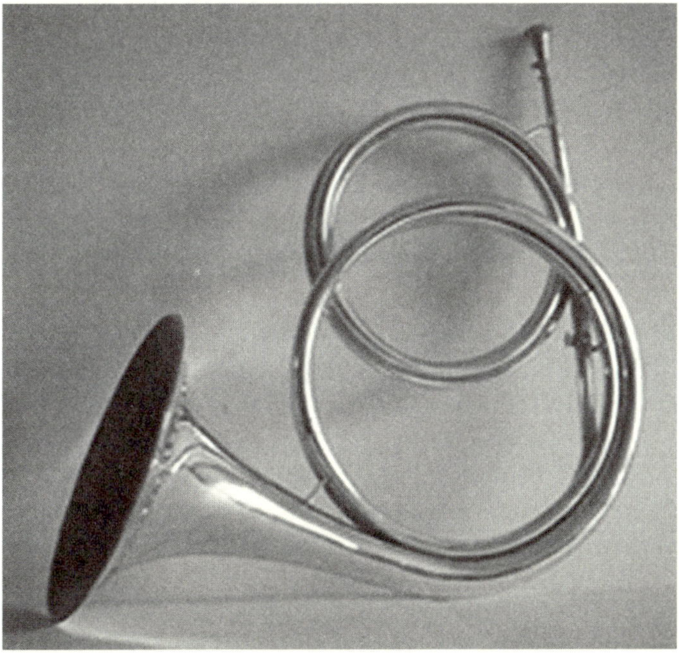

* Das Brezelblasinstrument nennt sich Barockhorn und ist u.a. bei Daniel Kunst in Bremen ab 2750 Euro zu erwerben. Könnte aber sein, dass Sie damit im Orchester ins Abseits geraten.

## Freizeittipp

Wenn man sich im Euro-City die Hände wäscht, passiert Folgendes: Man dreht zuerst an einem Rädchen und es rieseln einem frisch geraspelte Seifenstreusel auf die Handfläche. Dann drückt man den auffälligsten Knopf in der Hoffnung, dass Wasser über die Streusel läuft, doch stattdessen hat man das Handtrocknergebläse eingeschaltet und die Seife verteilt sich über die gesamte Bekleidung und wird einem bis in die Augen geblasen. Probieren Sie es ruhig selber aus, dieser Service der Bahn ist kostenlos und macht Laune. Fragt sich nur welche.

## 2010

# Juni

### Aus der Welt der Archäologie

Bei Unkrautausgrabungarbeiten in meinem Garten habe ich zwei relativ gut erhaltene Saurier zu Tage gefördert. Sie befinden sich wirklich in einem erstaunlichen Zustand, der Fund stellt eine echte Sensation dar, denn es sind nicht nur ein paar alte Knochen, sondern zwei vollständige Tiere. Man erkennt genau die Färbung der Haut, sie wirken fast noch lebendig. Es muss an dem sehr kalten Winter gelegen haben, dass sie so gut konserviert wurden. Wann sie gestorben sind, kann ich nicht genau sagen, ich bin kein Archäologe, es dürfte aber noch nicht so lange her sein. Auf der Unterseite des kleineren Sauriers steht »China 1986«, auf der Unterseite des anderen »Shell«. Die Art kann ich nicht bestimmen, weil die Kinder ihre Saurierbücher schon vor einiger Zeit auf dem Flohmarkt verkauft haben. Es könnten Pinacosaurier sein.

Aber da fehlt eigentlich das typische verdickte Schwanzende. Möglicherweise handelt es sich auch um eine vollkommen unbekannte Saurierart. Ihre Körper sind jedenfalls aus Hartplastik.

Wahrscheinlich verrotten sie dadurch auch nicht so schnell wie andere Saurier. Aber wovon ernähren sich Plastiksaurier? Sind diese Saurier vielleicht an den plastikkörpereigenen Schadstoffen zu Grunde gegangen?

**Innerer Kompass**

Guido Westerwelle sagte kürzlich einen äußerst rätselhaften Satz: »Christian Wulff ist jemand mit einem klaren inneren Kompass, er weiß, welche geistige Achse unsere Republik braucht.« Mit anderen Worten: ein Wahnsinniger, bzw. zwei Wahnsinnige. Was ist eine geistige Achse? Klingt irgendwie nach Anthroposophie. Die geistige Achse hält den Astralleib zusammen. Und dieser unerklärliche innere Kompass? Haben ihn Ärzte bei einer Blinddarmoperation in Wulffs Körper vergessen oder hat er ihn absichtlich verschluckt? Oder wurde der ihm sogar ganz bewusst auf die geistige Achse implantiert? Könnte übrigens ein neues Deodorant werden: »Geistiges Axe – damit Ihr Körper auch von innnen frisch bleibt.«

**Die Menschheit ist so gut wie gerettet,**

und ich wusste bisher gar nicht, wie einfach das möglich wäre. Zum Glück war ich aber auf einer Geburtstagsfeier zu Gast, wo der Problemkreis von zu kleinen Kofferräumen und zu viel Gepäck erörtert wurde. Da sagte eine ältere Dame: »Also ich nehme da einfach den Vakuumbeutel.« Ich hatte noch nie zuvor vom Vakuumbeutel gehört, dabei gibt es ihn schon seit Jahren. Man packt einfach zehn Handtücher rein, schließt den Dichtungsrand mit dem Verschlussschieber und saugt dann mit dem Staubsauger die gesamte Luft aus dem Beutel. Bringt 75 Prozent weniger Volumen, schützt vor Staub, Feuchtigkeit, Gerüchen und Motten. Großartige Sache, dieser Sack. Wenn man ihn einmal ausprobiert hat, dann möchte man eigentlich alles, was man hat, auf diese Weise lagern. Reinschieben, Luft absaugen, Platz gewonnen. 75% weniger Volumen! Hätte ich den Sack schon früher gekannt, hätte ich vor jeder Urlaubsfahrt erst mal den Kindern die Luft abgesaugt und sie dann Platz sparend im Kofferraum transportiert. Oder der Brockhaus. 24 Bände, die ungeheuer viel Platz wegnehmen und sich auch nicht mehr richtig zum Renommieren eignen. Aber wenn ich sie in den Sack schiebe, sind es nur noch sechs Bände. Derselbe Inhalt, aber mit 75 Prozent weniger Volumen. Der Vakuumsack verwandelt alles in eine Art analoge Zip-Datei. Ich selber müsste eigentlich auch mal in den Sack und mir ein bisschen Volumen absaugen lassen.

Die Bahn sollte das ebenfalls einführen, diese Großraumwagen sind ja oft sehr voll und manche Leute haben wahnsinnig sperrige Koffer. Man müsste einfach nur oben an jedem Wagen einen Absaugstutzen anbringen und dann die überschüssige Luft aus dem Abteil saugen. Dann könnte man die Reisenden aufeinanderstapeln und im Gepäckfach ablegen.

## Andererseits warnt

der TÜV-Rheinland vor »aufblasbaren Tieren«. Sie enthalten viel zu viel krebserregende Weichmacher. Die Höchstwerte erzielte ein Delfin aus italienischer Produktion. Aber warum blasen Menschen Delfine auf, anstatt ihnen die Luft abzusaugen? Dann wäre im Meer auch mehr Platz.

## Lizenz zum Gelddrucken

Ich habe eine Idee für einen Film, genau genommen ist es eigentlich nur der Titel, aber der ist meiner Ansicht nach so derartig gut, unschlagbar und einprägsam, dass ich natürlich hiermit Titelschutz anmelde. Damit mir Guido Knopp die Idee nicht wegschnappt und Produzenten schon mal mit mir in Verhandlung treten können. Wenn man den Titel hört, läuft praktisch schon der ganze Film vor einem ab, so gut ist der. Es könnte eine Abrechnung mit dem Faschismus vor dem Hintergrund des Kommunismus oder eine Abrechnung mit dem Kommunismus vor dem Hintergrund des Faschismus werden, und diese Abrechnung trägt den Titel »Hitlerjunge Stalin«. Haut rein, oder? Das will man doch sehen? Mit dem Geld, das mir der Film einbringt, gründe ich eine Stiftung, die sich um die Aussöhnung von Deutschen und Schweizern bemüht, oder einen psychiatrischen Notdienst, der sich um ältere Schauspielerinnen kümmert, die glauben, sie müssten etwas für streunende Hunde im südlichen Ausland tun.

## Ein rätselhafter erster Mann

Er hat es tatsächlich gesagt, der neue Bundespräsident, dieser junge, optimistische Mensch, mit der angeblich so glamourösen, tätowierten Gattin, die gerne Scorpions hört. Christian Wulff will »unbequem« sein. So wie sein Vorgänger Horst Köhler, der eine untätowierte Gattin hat. Jedenfalls weiß man nichts von einer Beschriftung. Wie aber wird man unbequem, und warum wollen Menschen unbequem sein? Wäre es nicht viel angenehmer, ja glaubwürdiger, wenn der Neue sagt: »Ich will bequem sein, lange schlafen, ordentlich frühstücken, mit meiner Frau die neuesten Tattoo-Magazine durchblättern, dann vielleicht ein paar Brücken bauen, aber Hauptsache bequem.«

Die meisten Dinge, die uns sonst umgeben, sind doch bequem. Schuhe, Jacken, Sessel, Kreditkarten – überall geht es um unsere Bequemlichkeit. Das Internet verdankt seinen rasanten Aufstieg doch wohl in erster Linie der Bequemlichkeit der Menschen, die eben bequem von zu Hause aus bestellen wollen und sich höchstens noch zur Tür bequemen, wenn der Paketbote klingelt und die neuen bequemen Hosen von Land's End vorbeibringt.

Der Bundespräsident aber hat es sich in den Kopf gesetzt, unbequem sein zu wollen. Bei uns im Haushalt gibt es das eine oder andere unbequeme Möbelstück, von dem man sich aber aus sentimentalen Erwägungen nicht trennt. Das blaue Sofa, das so niedrig und tief ist, dass ich mit den Jahren immer schlechter daraus hochkomme, oder der Hocker, den mein Sohn im Werkunterricht gesägt, geleimt und geflochten hat. Der eignet sich nicht zum Sitzen, aber als Handtuchablage. Die Unbequemlichkeit ist ein ehrgeiziges Ziel, gerade Christian Wulff würde man das kaum zutrauen. Lädt man ihn dann vielleicht gar nicht mehr ein, weil die Leute denken, ach, der Wulff, der ist immer so unbequem, es soll doch ein netter Abend werden, ohne Stress. Aber möglicherweise wird er ein neuer Superheld mit eigener Heftchenreihe. Ist es ein Stuhl? Ist es ein Tisch? Nein, es ist: DER UNBEQUEME begleitet von TATTOO-WOMAN (oder meinetwegen auch: INKGIRL).

## Wieviel Rückruf brauchen wir eigentlich?

Der Rückruf gehört heutzutage zum guten Ton. Jeder Autohersteller, der nur irgendetwas auf sich hält, ruft zurück. Die Konsumenten wollen es so. Man fühlt sich einfach besser, Teil einer Rückrufaktion zu sein. Man will, dass die Firma sich um den Kunden kümmert. Käufer von nicht zurückgerufenen Fahrzeugen fühlen sich vernachlässigt, sie glauben, irgendetwas sei mit ihrem Wagen nicht in Ordnung, und fahren täglich in der Vertragswerkstatt vor, damit die da irgendetwas finden.

Wenn ich auf das Display meines Handys blicke, dann steht da mindestens ein Mal am Tag eine Nummer und die Information »bittet Sie um Rückruf«. Ich habe aber keine Ahnung, wie ich beispielsweise meinen Steuerberater zurückrufen soll. Ich war bisher ganz zufrieden mit ihm. Wohin soll ich ihn außerdem zurückrufen? Gibt es eine Steuerberaterwerkstatt? Das ist eigentlich gar nicht meine Sache, ich bin ja nicht der Hersteller meines Steuerberaters.

Ich könnte höchstens meinen Sohn zurückrufen, und das tue ich auch mehrmals im Monat, allerdings nur, weil er meist kein Geld auf seiner Prepaidkarte hat und deshalb nur noch zurückgerufen werden kann.

Das ganze Leben ist eine einzige Rückrufaktion. Denken wir an den Aal, der durch eine geheimnisvolle Kraft aus den Flüssen der Welt in die Sargasso-See, an den Ort seiner Geburt zurückgerufen wird. Oder die Kröten, die jedes Jahr, wenn es wärmer wird, aus ihren Winterschlafquartieren in die Laichgründe zurückgerufen werden. Mercedes startete eine der teuersten Rückrufaktionen in der Geschichte der Motorisierung und rief Michael Schumacher zurück hinter das Steuer. Das schöne Schwarzgeld wird gerade per CD aus der Schweiz zurückgerufen, und die Bahn ruft ihre Züge so oft zurück, dass viele gar nicht erst losfahren. Oder denken wir an Margot Käßmann, die anscheinend von höherer, wenn nicht sogar allerhöchster Stelle zurückgerufen wurde. Und damit sind wir bereits beim entscheidenden Punkt, beim endgültigen Rückruf. Klemmende Gaspedale und versagende Bremsen bei Toyota sind eine Sache, aber dahinter steckt doch immer wieder nur das Eine: menschliches Versagen. Und dafür ist Gott zuständig. Lange kann es nicht mehr dauern, und die gesamte Menschheit wird wegen Materialermüdung, Überhitzung und allgemeiner Verblödung zurückgerufen. Dann muss sich zeigen, ob es da oben eine himmlische Werkstatt gibt, wo man die Menschheit notdürftig zusammenflickt, oder ob wir sofort stillgelegt, abgewrackt und verschrottet werden.

## Inselmüll

Es ist Sperrmüll auf Sylt und ich bin überrascht, dass dort das gleiche Zeug wie in meiner verkommenen Heimatstadt an die Straße gestellt wird. Ich hatte, ehrlich gesagt, mit verbeulten Cartier- oder Breitling-Uhren, einmal benutzten Hermes-Handtaschen, verbogenen Ferrari-Lenkrädern und leicht lädierten Baselitz-Originalen gerechnet. Oder wenigstens einer Ehefrau, die wegen Silikonmaterialermüdung entsorgt werden muss. Stattdessen Pressspanmöbelreste und Wäscheständer.

Der Wäscheständer findet sich übrigens auf 96 Prozent aller Sperrmüllhaufen in diesem Land. Man bekommt nur die Zusage zur Sperrmüllentsorgung, wenn ein Wäscheständer dabei ist. Es werden ununterbrochen Wäscheständer weggeworfen, während Sie diesen Artikel lesen, sind es mindestens 500. Kein Mensch benutzt diese Wäscheständer, es sind Opfergaben an den Sperrmüllgott. Jeder Deutsche hat deshalb immer zwei Wäscheständer, einen zum Wäschetrocknen und einen zum Wegwerfen. Eine Wäscheständerfabrik ist eine Lizenz zum Gelddrucken. Die meisten Wäscheständerfabrikanten haben längst ein Haus auf Sylt und beobachten natürlich mit Wohlgefallen, wie auch die Bewohner der Insel ständig Wäscheständer auf den Sperrmüll werfen.

2010

# Juli

## Leichenräuber

An Bushaltestellen wird für Gunter von Hagens neue Körperweltenausstellung geworben, und zwar mit der Versicherung »Körperwelten – Das Original«. Anscheinend sind mehrere Ausstellungen mit plastinierten Körpern unterwegs. Billige, schlampig präparierte Stücke aus Rumänien oder Moldawien, exakte aber bleihaltige Kopien aus China. Mir war das nicht klar. Aber jetzt habe ich Angst. Diese Körperwelten-Macher müssen ja einen ungeheuren Bedarf an Körpern haben, mit denen sie ihre Welten füllen wollen. Es ist doch ganz klar, dass nachts gedungene Körperräuber unterwegs sind, um Nachschub zu beschaffen. Man geht abends noch mal kurz mit dem Hund raus und steht am nächsten Morgen schon in einer der unzähligen Körperwelten herum, wo man von den Nachbarn bestaunt wird, die jetzt allerdings Eintritt zahlen müssen, um einen zu sehen. Jedenfalls sollten wir misstrauisch werden, wenn wir zu später Stunde in schlecht beleuchteten Kaschemmen von Unbekannten eingeladen werden, die auf unser Wohl trinken wollen. Denen geht es nicht um unser Wohl, sondern nur um unseren Körper.

## Traumurlaub

Der Bundespräsident und die First Lady Bettina machten Urlaub auf der »Lieblingsinsel der Deutschen«. Sagt die *Bunte*. Man wohnte im Anwesen des Unternehmers Maschmeyer, der sich seit Monaten mit Veronika Ferres fotografieren lässt. Christian Wulff und Lady Bettina wurden aber nicht eingeladen, sondern bezahlten aus eigener Tasche 5000 Euro für ein Appartement in der »Traumvilla« auf einer Halbinsel bei Port d'Antratx. Zufällig kenne ich diese Villa, ich war sogar mal drin. Ostern 2002, im Zuge einer Recherche über Luxusimmobilien auf Mallorca. Damals gehörte das Anwesen noch Maschmeyers Partner Bertold Schwarz. Um es kurz zu machen, es war grauenhaft. Bedrückend. Scheußlich möbliert, atemberaubend geschmacklos. Natürlich eine grandiose Aussicht, obwohl man auf der gegenüberliegenden Seite der Bucht die Konstruktion neuer Bausünden mit ansehen musste, aber man konnte auch woanders hingucken. Schwarz sagte damals: »Man gewöhnt sich an nichts so schnell wie an den Ausblick.«

Das gab mir zu denken, er wirkte wie ein Mann, der schon viele Ausblicke in seinem Leben genossen hatte, wahrscheinlich hatte er sie alle gehabt, den Meerblick, den Gipfelblick, den Panoramablick und den Blick auf den Eiffelturm. Jetzt hing er auf Mallorca fest, in diesem

Anwesen mit eigenem Anleger und Lady Di-Zimmer. Sie hat da, einer alten Maklerlegende nach, einmal übernachtet und am nächsten Morgen eine Rose auf dem Schminktisch hinterlassen. Diese Rose verwelkte auch nach Jahren nicht und wurde inzwischen durch eine Plastikrose ersetzt.

Das Original befindet sich wahrscheinlich im Vatikan, wo sie als Zeugin für eine bevorstehende Heiligsprechung von Lady Di dienen soll. Nicht lange nach ihrem Aufenthalt in der Traumvilla starb Lady Di in einem Tunnel.

Nicht nur deshalb herrschte eine sehr melancholische, fast depressive Atmosphäre in der Immobilie. Im Zimmer mit der schönsten Aussicht hatte sich der Hausherr eine Wersi-Orgel aufstellen lassen. Ein Modell, das es gar nicht zu kaufen gab, extra für ihn angefertigt. Wenn er auf der Orgelbank Platz nahm, hatte er den wohl großartigsten Ausblick, den je ein Organist, jedenfalls ein Wersi-Organist, gehabt hat. Bertold Schwarz legte damals, im Jahre 2002, den Hauptschalter um und begann zu spielen: »La Cuccaracha«. Er zog alle Register, seine breiten Finger huschten wieselflink über die Tasten, es war großartig und es war der einzige Weg, die Aussicht zu verändern, jedenfalls akustisch.

Seine Orgel hatte einen eingebauten CD-Brenner, er konnte diese fantastischen Augenblicke für die Ewigkeit festhalten. Die Orgel war das Beste an dem ganzen Haus, die Orgel und Bertold Schwarz. Jetzt gehört das Anwesen seinem Kompagnon Maschmeyer, und der hat es an Christian und Lady Wulff für 5000 Euro vermietet. Die haben da jeden Abend gestanden, mit der Plastikrose von Lady Di in der Hand aufs Meer geschaut und sich schnell an die Aussicht gewöhnt.

Hat irgendjemand La Cuccaracha für sie gespielt? Darüber schweigen sich die Zeitungen aus. Wulff musste dann auch früher nach Hause, weil schon wieder mal ein Unglück in einem Tunnel passiert war. In Duisburg. Noch in der Traumvilla forderte er eine »rückhaltlose Aufklärung«. Das wird den Verantwortlichen zu denken gegeben haben. Gerade waren sie dabei, die Sache irgendwie halbherzig und unter Vorbehalten aufzuklären, da ergeht das Machtwort des Präsidenten: »Rückhaltlos.« So was fällt einem nur im Traumurlaub ein. Einfach mal rückhaltlos aufklären. Da wären die doch in Duisburg nie drauf gekommen. Nicht im Traum.

## Lebensrettungstasche

»Die Umstellung des Funknetzes hat zur Folge, dass die alten Funkgeräte der DLRG-Lebensretter nicht mehr funktionieren. Wir brauchen Ihre Hilfe, Herr Zippert.« Das schreibt mir die Deutsche Lebens-Rettungs-Gesellschaft und ich befürchte, da muss eine Verwechslung vorliegen. Ich verstehe nämlich überhaupt nichts von Funkgeräten. Ich begreife auch nicht, warum »alle analogen Funkgeräte unbrauchbar« werden. Ich benutze meinen alten analogen Plattenspieler doch auch neben dem mp3-Player. Jedenfalls kann ich da nicht weiterhelfen, so gerne ich es auch täte. Tatsache scheint zu sein, dass man demnächst digital und nicht mehr analog gerettet wird, das ist wohl einfach moderner. Wahrscheinlich hängen die alten analogen Geräte auch an Kabeln, und heute ist ja alles schnurlos. Obwohl ich als Laie immer noch glaube, dass man ganz simpel analog ertrinkt, und da könnten sie einem doch einfach die Schnur von ihren Funkgeräten zuwerfen.

Als Anreiz hat der DLRG mir eine blaue Einkaufstasche beigelegt, die mich »als DLRG-Retter-Retter auszeichnet«, und es liegt auch ein Zahlschein dabei, in den ich irgendeine Summe eintragen kann, falls ich doch keine Zeit haben sollte, die Funkgeräte auf Digitalbetrieb umzuschalten. Ich bin immer gerne bereit, im Rahmen meiner Möglichkeiten zu helfen, aber die Tasche verunsichert mich. Warum hat man keinen aufblasbaren Schwimmring oder einen anderen thematisch passenden Gegenstand verschickt? Werfen sie einem im digitalen Zeitalter jetzt eine Einkaufstasche zu? Soll mich das dezent darauf hinweisen, dass sie zuerst den Konsumenten und dann erst den Menschen retten wollen?

## Der Trend geht zur Flüssigkeit

Und da wir gerade von feuchten Elementen sprachen, fragt mich der Wirtschaftsteil meiner Tageszeitung: »Wohin geht der Trend beim Bier? Was will der Verbraucher, was können die Hersteller anbieten?«

Woher soll ich das wissen? Ich trinke kaum

Bier und stelle keins her. Aber wenn ich schon mal gefragt werde, würde ich sagen: Natürlich muss der $CO_2$-Ausstoß der Brauereien gesenkt werden. Eine Biermarke wie das früher so beliebte Kohlenstoff-Urtyp hat auf dem freien Markt keine Chance. Allerdings müssen auch die Verbraucher mitziehen und auf den Verzehr von stark blähenden Speisen zum Bier verzichten. Wichtig ist vielen Trinkern bestimmt ein klimaneutrales Bier. Es darf nicht zu kalt sein, aber auch nicht zu warm. Biere mit Temperaturen über 60 Grad verursachen Unwohlsein und Schweißausbrüche.

Ist das Bier zu kalt, kann es zum gefürchteten Gefrierbrand kommen, der oft noch schlimmere Folgen als der Nachdurst haben kann. Ebenso wichtig sind fair gehandelte Biere. Alle deutschen Hersteller lehnen Kinderarbeit kategorisch ab, selbst bei der Malzbierproduktion kommen nur Erwachsene zum Einsatz. Viele verlangen auch, dass ihr Bier nicht den Lebensraum des Eisbärs vernichtet. Der Einsatz von Eisschollenwasser ist deshalb verboten. Auch beim Bier setzen inzwischen fast alle Hersteller auf Hybridantrieb. Das Getränk kann sowohl mit Hopfen als auch mit Malz betrieben werden. Bei Warsteiner denkt man sogar über einen Antriebsflüssigkeitswechsel nach und will einen Kasten Bier mit drei integrierten Wasserflaschen anbieten. Obwohl die Rohstoffe immer knapper werden, plant man in der Branche jedoch keinen bierfreien Sonntag.

Gearbeitet wird auch an der Entwicklung eines intelligenten Bieres. Das Getränk soll erkennen, wenn Durstgefühle entstehen, und sich dann von selber öffnen. Die Biere sollen auch registrieren, wann der Zustand der Fahruntüchtigkeit oder des Kontrollverlusts erreicht sind. Notwendig wurden diese aufwendigen Forschungen, weil die Konstruktion eines intelligenten Trinkers als gescheitert angesehen werden muss.

Eine völlig neue Entwicklung sind die sogenannten Bierbaumärkte am Rande der Städte. Hier können sich Bastelwillige alle Einzelteile zum Biereinbau kaufen. Für Eilige gibt es Schaum und Bier getrennt. Spezialisten kaufen auch noch Glas, Flasche, Kasten und Bierdeckel zum Selberbemalen dazu. Wer einigermaßen geschickt ist, kann sein Bier sogar aufstocken oder umbauen.

Und was ist mit der Krise? Sind auch die Bierinstitute davon betroffen? Gibt es Liquiditätsengpässe? Droht gar die Teilverstaatlichung? Größeres Unheil wurde zunächst durch die Einlagerbiergarantie verhindert. Ein Ergebnis der Kurzarbeit ist das vermehrte Auftreten von 0,3-Liter-Flaschen. Aber man muss sagen, dass die Bundesregierung bislang sehr verantwortlich gehandelt hat. Wo es nötig war, hat man Stützkäufe getätigt, die dann direkt im Kabinett konsumiert wurden.

## 2010

# August

### Ich folgte einem Zombie

Als Autofahrer ist man auf der Autobahn einer Menge Zumutungen ausgesetzt. Die schlimmsten sind die Plakate am Fahrbahnrand. Ich erinnere mich noch mit Grauen an Philipp Lahm, der mich schief grinsend von der Leitplanke anblickte und ohne ersichtlichen Grund behauptete: »Raser sind so cool«. Er sah überhaupt nicht gesund auf dem Plakat aus, und ich brauchte Wochen, bis ich begriff, was er, bzw. der für das Plakat verantwortliche DVR, der Deutsche Verkehrssicherheitsrat, mir mitteilen wollten. Die Aussage war ironisch gemeint, Philipp Lahm fand Raser überhaupt nicht cool. Um das zum Ausdruck zu bringen, hatte er Zeigefinger und Daumen seiner linken Hand ganz nah zusammengeführt, bis nur ein winziger Spalt zwischen beiden frei geblieben war. Damit wollte er mir keineswegs die Größe seines Geschlechtsorgans signalisieren, sondern er wollte sagen: So winzig cool finde ich die Raser. Die Botschaft dieser Plakate kann einen in tiefe Verwirrung stürzen und erfüllt damit möglicherweise tatsächlich ihren Zweck, nämlich mich vom Rasen abzuhalten. Andere Menschen versetzt diese mit Steuermitteln bezahlte Kampagne erst recht in Raserei. Sie fahren immer schneller, nur um den Irrsinn nicht wahrnehmen zu müssen.

Inzwischen haben sie noch mehr Grund zum Rasen, denn seit einigen Monaten starren uns vom Fahrbahnrand her totenbleiche Menschen an, die ein gerahmtes Foto mit schwarzer Querbinde in der Hand halten. Auf dem gerahmten Foto sind je nach Plakat ein bis vier fröhliche Personen unterschiedlichen Alters abgebildet, und die Botschaft lautet: »Runter vom Gas«. Ist das jetzt wieder Ironie? Spielt das etwa auf die unselige deutsche Vergangenheit an? Warnt man uns, die gleichen Fehler nicht noch einmal zu machen? Sollen die Raser in die Gaskammer oder wollen die Raser uns, die Nichtraser, ins Gas schicken? Heißt die untergründige Botschaft etwa: »Die Raser sind unser Unglück«?

Warum stürzt der Deutsche Verkehrssicherheitsrat, unterstützt vom Ministerium für Verkehr, uns Autobahnbenutzer, die wir nun wirklich unseren ganzen Verstand brauchen, um die Fahrt von Braunschweig nach Mannheim unfallfrei zu überstehen, in eine derartig unnötige, ja lebensgefährliche Verwirrung?

Je länger ich diese Plakate betrachten muss, umso weniger begreife ich, worum es da geht. Warum ist die Frau, die das Foto hält, so bleich, und warum wirkt der Mann auf dem Bild so lebendig? Da drängt sich eigentlich nur eine Erklärung auf: Bei der Frau handelt es sich zweifellos um einen Zombie, eine Untote. Der Mann lebt noch, soll aber wohl ihr nächstes Opfer werden, darauf deutet die schwarze Binde hin. Das Schild warnt uns Männer also vor rasenden Zombiefrauen. Aber warum sollen wir dann »runter vom Gas«? Wie sollen wir den Zombies denn entkommen, wenn wir kein Gas geben dürfen?

## Umgebung aus der Dose

Seit einem halben Jahr steht eine merkwürdige Sprühflasche in unserem semimedizinischen Vorratsschränkchen. Die Flasche wurde im Zuge eines plötzlichen Ungezieferbefalls der Tochter angeschafft. Und aus irgendeinem Grund, fiel mir erst jetzt das Etikett ins Auge. Das war es, was ich dort las: »Läuse-Umgebungsspray«. Je länger ich darüber nachdachte, desto erstaunlicher erschien mir die Existenz eines »Läuse-Umgebungssprays«. Was sollte das sein? Höchstwahrscheinlich doch wohl eine Substanz, mit der man eine Umgebung für Läuse schaffen kann, eine angenehme Umgebung wahrscheinlich. Ich wusste nicht, dass Läuse darauf angewiesen sind, ich dachte, die suchen sich die für sie angenehmste Umgebung und dann saugen sie Blut und haben Sex und legen Eier in den Haaren meiner Tochter ab. Aber wahrscheinlich tun sie das nur, weil ich ihnen keine bessere Umgebung geschaffen habe, weil ich das Spray nicht benutzte. Nur aus Mangel an netten Umgebungen werden sie zu den unangenehmen Parasiten, als die wir sie kennen. Ich müsste also einfach nur irgendwo, am besten dort, wo es am wenigsten stört, die Läuseumgebung hinsprühen, und dann gäbe es keine Probleme mehr. Wie diese ideale Umgebung wohl aussieht? Auf dem Etikett sieht man einen großen Plüschteddybären. Wenn ich also jetzt den Sprühknopf betätigte, dann entstünde vor meinen Augen ein Plüschteddy. Anscheinend die Lieblingsumgebung von Läusen. Dem saugen sie das Holzwollblut aus dem Leib und lassen meine Tochter in Frieden.

## Häuserkampf

Die Firma Google möchte gerne, dass ich das Haus, in dem ich wohne, als Stichwortgeber für Werbebotschaften freischalten lasse. Wenn ich dagegen bin, habe ich die Möglichkeit, es einschwärzen zu lassen. Dazu muss ich Google einige Fragen beantworten und mir das hier anhören: »Sie haben sich entschieden, Ihr Gebäude/Grundstück vor der Veröffentlichung von Street View in Deutschland unkenntlich zu machen. Das ist sehr schade, denn diese Funktion kann für Sie und andere von vielfachem Nutzen sein: Zum Beispiel, wenn Sie sehen möchten, wo Ihre Familie und Freunde wohnen, egal, wie weit Sie voneinander entfernt sind, oder wenn Sie Ihren nächsten Urlaubsort vorab schon einmal erkunden möchten.« Wie kommt Google darauf, dass ich in meiner Wohnung Urlaub machen will? Und wo meine Freunde wohnen, weiß ich nur zu genau. Manche haben so große Wohnungen und Häuser, dass es mir schon reicht, wenn ich die ein oder zweimal im Jahr von innen sehe, ich muss diese geschmacklosen Protzbauten nun wirklich nicht auch noch googeln. Es wäre mir sehr lieb, wenn die ihre Angebervillen einschwärzen lassen würden, denn Sozialneid ist kein schönes Gefühl. Und der Sozialneid ist es auch, der mich dazu treibt, das Haus, in dem ich wohnen muss, einschwärzen zu lassen. Ich will nämlich nicht, dass alle sehen, dass ich mir nichts Besseres leisten kann und ich will vor allem nicht, dass Google an mir verdient. In meinem Straßennamen kommt das Wort Ring vor, und deshalb werden natürlich Anzeigen von Juwelieren neben dem Google-Street-View-Bild meines Hauses auftauchen oder die Jubiläumsausgabe von »Herr der Ringe« wird beworben. Dafür zahlen die Juweliere und Verlage Geld an Google, aber Google gibt mir nichts davon ab. So wird mein Sozialneid immer größer, und bevor ich mich schwarzärgere, lasse ich lieber mein Haus schwärzen.

## Die Angst scheißt mit

Ich habe mich daran gewöhnt, dass man Autobahntoiletten nur noch nach Einwurf von 70 Cent durch ein Drehkreuz betreten kann. Dafür erhalte ich einen Gutschein im Wert von 50 Cent, mit dem ich innerhalb eines Jahres in der Raststätte meine Currywurst bezahlen kann. Warum aber bekommt man nur fünfzig Cent zurück, was macht der Toilettenbetreiber Sanifair mit den übrigen zwanzig Cent? Die Antwort ist ganz einfach und augenscheinlich: Er kauft dafür Defibrillatoren.

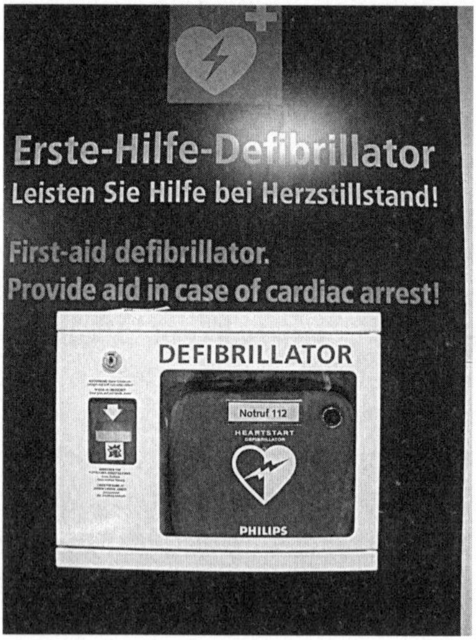

Im Eingangsbereich der Sanifair-Anlagen hängen diese Dinger seit einiger Zeit herum und beunruhigen mich zutiefst. Ein Text belehrt mich, es handele sich um »Laien-Defibrillatoren. Das sind Geräte mittels derer auch Sie bei der deutschlandweit häufigsten Todesursache, dem plötzlichen Herztod, sofort Hilfe leisten können. Die Geräte sind absolut selbsterklärend und sicher in der Anwendung.« Sanifair behauptet, jeder 500. Erwachsene erleide einen plötzlichen Herztod. Das bedeutet, ich muss erst mal warten, bis 500 Erwachsene vor mir aufs Klo gegangen sind, damit ich nicht der unglückliche 500. bin, den es auf der Autobahntoilette erwischt. Damit steigt aber auch die Wahrscheinlichkeit, dass vor meinen Augen jemand einen Herzschlag kriegt, z.B. wenn er 70 Cent einwirft und nur einen Gutschein über 50 Cent zurückbekommt.

In diesem Fall müsste ich den Griff des Defibrillators ziehen, und dann fängt das Gerät an, sich selbst zu erklären. Es wird von mir verlangen, die Brust des oder der Herztoten frei zu machen und selbstklebende Elektroden darauf zu platzieren. Dann stellt das Gerät fest, ob ich es überhaupt mit einer Herztoten zu tun habe oder ob es vielleicht die Zombiefrau von der Autobahn ist. Wenn es sich um eine echte Herztote handelt, fordert mich das Gerät auf, den Defibrillationsknopf zu drücken. Dann heißt es »Defibrillation Marsch!«, und damit schicke ich einen Stromstoß durch den Körper der Herztoten. Das kennt man aus Emergency Room und ähnlichen Serien, aber da schrie

George Clooney immer: »Weg vom Tisch!« Im Sanifairbereich haben sie keinen Tisch, aber es soll trotzdem funktionieren. Nachdem der Defibrillator sein segensreiches Werk getan hat, schlägt die ehemalige Herztote die Augen auf und haucht: »Du hast mir das Leben gerettet, mein tapferer Defibrillator«, die Umstehenden klatschen ergriffen Beifall und stecken mir ihre Toilettengutscheine zu.

## Warum die Saurier ausgestorben sind

In Frankfurt findet in der Nähe der Messe eine Ausstellung mit dem Titel »Gigasaurier – Die Riesen Argentiniens« statt. Das dient anscheinend zur Einstimmung auf die Buchmesse, deren Gastland Argentinien ist. Es werden aber nicht die Skelette gigantisch bedeutender argentinischer Schriftsteller wie Jorge Luis Borges oder Julio Cortazar gezeigt, sondern man kann die Knochen des Argentinosaurus, des Gigantosaurus und des Eoraptors sehen. Der Argentinosaurus war »mit einer Länge von 40 Metern und einem Gewicht von 80.000 kg das größte Landtier aller Zeiten. Ein Pflanzenfresser, der bequem in ein Fenster im dritten oder vierten Stock eines Hauses hätte schauen können.« Er war also das Google Street View der Kreidezeit. Das Skelett dieses ehrfurchtsgebietenden Tieres füllt den größten Raum des Ausstellungszeltes. Ein kleines Mädchen steht daneben, spricht in ihr Handy und fotografiert damit den Saurier. Ein altes Ehepaar betrachtet versonnen den Nachbau eines Eoraptors, der vor ca. 230 Millionen Jahren lebte. Die beiden machen den Eindruck, als hätten sie ihn noch persönlich gekannt. Die Saurier stehen auf Podesten mit der Aufschrift »Bitte das Podest nicht betreten«. Sind die Saurier ausgestorben weil man damals ständig die Podeste betreten hat, auf denen sie lebten? Oder hatten sie damals einfach nicht genug Defibrillatoren?

Die Ausstellung ist schlecht besucht, das Interesse an Sauriern scheint nachzulassen, obwohl man immer gigantischere Exemplare findet. Am Ausgang hat man menetekelnd einen jüngst ausgegrabenen Wirbel eines unbenannten Sauriers ausgestellt, der noch größer als der Argentinosaurus sein muss. Er kann mit Sicherheit in die Fenster des 4. oder 5. Stockwerks schauen. So lange ich lebe, findet man jedes Jahr ein noch größeres Exemplar. Bald graben sie einen aus, der so groß wie Deutschland ist, und eines Tages wird man endlich herausfinden, dass die Saurier gar nicht ausgestorben sind, sondern dass wir im Inneren eines Sauriers leben, dessen Magen wir für das Weltall halten. Und in diesem Saurier finden Saurierausstellungen statt.

## Es ward zum letzten Mal vernünftig Licht

Heute war der letzte Tag der 75-Watt-Birne. Ab heute dürfen nur noch Lagerbestände verkauft werden, und dann ist es sehr schnell aus mit der 75-Watt-Birne. Die unerbittlichen Technokraten in Brüssel wollen es so. Für mich ist das besonders schmerzlich, denn ich besaß in meinem ganzen Leben keine 75-Watt-Birne. Ich hatte wohl einfach keine Lampe, die ein solches Leuchtmittel unbedingt erforderte. Es wäre Wahnsinn gewesen, die Birne einfach aussterben zu lassen, ohne sie jemals kennengelernt zu haben, und deshalb habe ich mir noch schnell eine gekauft. Meine erste und wahrscheinlich meine letzte 75-Watt-Birne. Ich schraubte sie in meine Nachtischlampe und war sofort wie verzaubert. Die Birne verbreitete ein wunderschönes Licht. Nicht auszudenken, wenn ich dieses Licht niemals gesehen hätte. 75-Watt-Licht ist wie kein anderes Licht auf der Welt. Es scheint nicht so hell wie 100 Watt, aber intensiver als 60 Watt. Dieses Licht wird bald für immer verschwunden sein.

Vielleicht sieht man es aber noch auf einem anderen Planeten. Wir nehmen ja auch das Licht von Himmelsköpern wahr, die schon längst verglüht sind. So wird es auch mit dem 75-Watt-Licht sein. Jedes Licht, das wir hier auf der Erde angemacht haben, ist für immer im kollektiven Gedächtnis des Weltalls gespeichert. Des Weltalls, das ja möglicherweise nur der Magen eines Sauriers ist. Wieviele 75-Watt-Birnen braucht man wohl, um den Magen eines Sauriers zu beleuchten? Und weiß Google eigentlich, was sie da die ganze Zeit so eifrig fotografieren?

## 2010

# September

### Arglistige Täuschung

Der Sender Sat1 versucht, mein Interesse auf seine neueste Großproduktion zu lenken. Allerdings befürchte ich, schwer enttäuscht zu werden, denn in dem Monumentalepos »Die Wanderhure« geht es anscheinend gar nicht um Hape Kerkeling.

### Unhappy Triad

Das Knie gehört zu den unterschätztesten Körperteilen des Menschen. In den meisten Fällen steht es für Spott und Hohn und Leiden. Man ist »ins Knie geschossen« oder »ins Knie gefickt« oder soll sich »ins Knie ficken«, was nicht leicht und eigentlich auch schmerzhaft ist. Man kniet nieder, man bittet jemand auf Knien, man rutscht vor jemand auf den Knien, man muss sich in eine Sache richtig reinknien. Sobald das Knie ins Spiel kommt, wird es anstrengend, unangenehm, schmerzhaft.

Von allen Beinregionen ist das Knie am wenigsten sexy, von knackigen Knien oder strammen Knien redet niemand. Es ist zweifelhaft, ob es sowas wie Kniefetischismus gibt. Man stelle sich nur jemand vor, der ausschließlich Knieporträts von Prominenten sammelt. Im Wort Knie klingt schon das Knicken, das Knacken, das Knarzen an.

Als Kind bin ich oft aufs Knie gefallen, und dann wurde ein Pflaster über die Wunde geklebt. Das Abreißen war immer sehr unangenehm, die Pflaster der 60er Jahre hafteten ziemlich hartnäckig auf der Haut. Das hat mein Verhältnis zum Knie sicher getrübt. Ich habe bestimmt keine positive Einstellung zu meinen Knien. Wahrscheinlich ist es deshalb passiert. Vor Wochen stürzte ich mit dem Fahrrad. Dabei erhielt ich auch einen seitlichen Schlag gegen mein rechtes Knie, das anschließend ziemlich dick wurde. In einem zugigen Altbautrakt eines Frankfurter Krankenhauses erklärte mir ein Oberarzt, bei meiner Verletzung handele es sich um eine »Unhappy Triad«. Das ist nicht der Name einer depressiven chinesischen Mafia-Gruppierung, sondern beschreibt eine dreifache Schädigung des Knies. Seitenbänder, Kreuzband und Meniskus hatten etwas abgekriegt.

Die Seitenbänder waren definitiv durch, das Kreuzband wohl auch, der Meniskus möglicherweise gerissen. Genaueres würde man nur bei einer Spiegelung, einer Athroskopie erkennen, und wenn man schon mal drin war, würde man auch alles gleich reparieren. Dazu entnimmt der Arzt dem Bein eine Sehne, von der die Wissenschaft annimmt, dass der Mensch sie nicht braucht. Diese Sehne wird dann vierfach gefaltet, als Ersatzkreuzband eingesetzt und mit selbstauflösenden Schrauben befestigt. Früher hätte man das in meinem Alter nicht mehr gemacht, aber, und der Oberarzt sah mir fest in die Augen, ich hätte eine Lebenserwartung von 85, und da könnte sich das schon lohnen.

Ich wundere mich, dass mein Körper eine Sehne enthält, die vollkommen nutzlos ist. Nur weil die Mediziner keine Ahnung haben, dürfen sie das Ding doch nicht einfach abschneiden und viermal falten. Diese Sehne könnte doch beispielsweise der Sitz der Seele sein. Will ich denn wirklich meine Seele vierfach gefaltet am Knie festgeschraubt haben? Wie soll ich dem Teufel gegenübertreten, wenn er mir für meine Seele einen anständigen Preis bietet und ich muss ihm gestehen, dass die jetzt als Ersatzgummiband in meinem rechten Knie tätig ist?

Mein Knie sehe ich jedenfalls mit vollkommen anderen Augen. Eigentlich sehe ich nur noch mein Knie, ich führe ein kniezentriertes, ein kniegefälliges Leben. Die Knievernachlässigung, ja, die Knieverwahrlosung der letzten Jahre ist längst einem Kniekult gewichen. Morgens überprüfe ich als erstes, ob mein Knie gut geschlafen hat. Dann stelle ich mich vor den Spiegel und vergleiche meine Knie. Saint-Exupéry lässt seinen kleinen Prinzen sagen, dass man nur mit dem Herzen gut sieht. Ich aber behaupte, man sieht nur mit den Knien gut. Vor allem sieht man gut, was unter dem Tisch passiert.

## Raushänger

Bei einer kurzen Inspektion meines Wohnviertels entdecke ich drei Deutschlandfahnen und fünf schwarzrotgoldene Außenspiegelflaggen. Man fragt sich unwillkürlich, was das wohl für Menschen sind, die hier so dauerhaft ihrer patriotischen Begeisterung Ausdruck verleihen und warum sie die Fahne so lange raushängen lassen. Die Fußballweltmeisterschaft ist seit Monaten vorbei. Der Trainer hat das Bundesverdienstkreuz bekommen, die Mannschaft wurde für ihre Tapferkeit gegen den Feind mit dem Silbernen Lorbeerblatt ausgezeichnet. Das sind natürlich gute Gründe für das Fahneraushängenlassen. Außerdem spielen ja ständig irgendwo irgendwelche deutschen Sportler um Weltmeisterschaftsehren. Trotzdem macht mich der Dauerbetrieb der Fahne nachdenklich. Sind das Nationalisten? Wollen sie bei Google Street View besonders auffallen? Oder handelt es sich um ehemalige DDR-Bürger, die sich mit altbewährten Mitteln zur neuen Heimat bekennen wollen?

Verliert die Fahne nicht nach einiger Zeit an Wirkung? Auf jeden Fall verliert sie an Leuchtkraft, die Farben sind schon sehr ausgeblichen, die glühend heißen Sommertage haben der deutschen Fahne zugesetzt, die wahrscheinlich in China produziert wurde. Was nutzt unserem Land dieses Bekenntnis zur Ausgeblichenheit? Geht da nicht eine völlig falsche Signalwirkung von den traurigen Fahnen aus?

Eigentlich bin ich aber davon überzeugt, dass

das völlig müßige Überlegungen sind. Wir haben es ganz einfach mit schlampigen, leicht antriebsschwachen Bürgern zu tun. Die es einfach nicht mehr schaffen, reinzuholen, was sie mal rausgehängt haben. Es sind dieselben, die ihre fassadenkletternden Weihnachtsmänner bis weit nach Ostern an der Hauswand lassen. Und dann lohnt es sich natürlich auch nicht mehr, den Weihnachtsmann abzumontieren, weil Weihnachten praktisch schon wieder vor der Tür steht. Ähnlich ist es mit der Deutschlandfahne, denn nach der WM ist immer vor der EM. Vielleicht sollte man speziell für diesen Kundenkreis eine fassadenkletternde Deutschlandfahne anbieten oder sogar einen schwarzrotgoldenen Deutschlandmann?

## 2010

# Oktober

### Alte Bekannte

In letzter Zeit erreichten mich verstörende Emails. Es waren insgesamt sechs und es ging darin um Isabel, Ida, Elsa, Delia, Josephine und Carolyn. Sie alle waren wohl mal in »unserer Firma« oder »unserem Büro« beschäftigt und sie alle hatten einen tollen Arsch. Das behaupteten zumindest die Absender dieser Botschaften. Und sie sagten, dass sie jetzt Fotos und Videos von diesen Frauen gefunden hätten. Es ist sehr lange her, dass ich in einem Büro gearbeitet habe. Dort gab es, wenn mich meine Erinnerung nicht trügt, nur zwei Frauen, und die eine hat inzwischen eine Geschlechtsumwandlung hinter sich.

Label "Arbeit" entfernen | Spam melden | Löschen | Verschieben | Labels | Weitere Aktionen | Aktualisieren

1 - 6 von 6

| | | | |
|---|---|---|---|
| rellis82 | Arbeit | Remember_Carolyn? She used to work in_our office. The gi-rl-with g | 12. Okt. |
| ryaryancarroll85 | Arbeit | Remember-Delia? She used to work_in our firm. The g.i.rlwith delecic | 12. Okt. |
| cookwxvm | Arbeit | Remember Josephine? She-worked in-our_firm. Thebabe with-great_ | 10. Okt. |
| ertsjonathanbkq | Arbeit | Remember Isabel? She_workedin_our office. The-g-irlwith_delecious | 9. Okt. |
| sthomasks | Arbeit | Remember Ida? She worked in our firm. The g i r l with delecious_a s | 7. Okt. |
| dmevansvkj | Arbeit | Remember Elsa? She-worked in our office. The_chick-with great-as s | 6. Okt. |

Nun gut, ich nehme an, dass der Arsch bei so einem Umbau unverändert bleibt, aber davon abgesehen hießen die Frauen auch nicht Isabel, Ida, Elsa, Delia, Josephine und Carolyn, und ich kann mich auch nicht an ihren Arsch erinnern. Meine Kollegen von damals können das anscheinend. Vielleicht hatten sie einen besonders guten Blick darauf von ihrem Schreibtisch aus, oder es sind Arschfetischisten. So etwas soll es geben. Aber ich frage mich auch ganz ehrlich, was das eigentlich für Kollegen gewesen sind, denn genauso wenig wie an Ida, Elsa und ihre Ärsche kann ich mich an Rellis, Cookwxvn, Dmevansvkj, Sthomasks und Ertsjonathanbkq erinnern. So heißen die Absender der Mails nämlich. Solche Namen würde man nun wirklich nie vergessen. Ich frage mich ernsthaft, was damals in der Firma los gewesen sein muss. War ich da eher ein Außenseiter? Vielleicht gab es wüste Parties, sobald ich das Büro verlassen hatte. Dann schrie Rellis: »Hey, Cookwxvn und Dmevansvkj, kommt her, wir gucken uns die Ärsche von Isabel und Ida an.« Irgendwie sehe ich sie direkt vor mir, diese Burschen. Etwas rätselhaft scheint mir, dass die Mails in Englisch abgefasst sind, aber »Remember Elsa? She worked in our office. The chick with great ass« klingt einfach cooler, und wahrscheinlich arbeiten meine alten Kollegen Cookwxvn und Ertsjonathanbkq längst für internationale Betriebe, wo sie den ganzen Tag Ärsche beobachten und einen Haufen Geld dafür kriegen. Nett, dass sie mich trotzdem nicht vergessen haben.

## Taschenspielereien

Wie fast jeder Mensch, der schreibt, träume ich davon, einen Roman zu verfassen. Den großen Gegenwartsroman am besten, weil darauf alle warten und die Vorschüsse bestimmt astronomisch hoch sind. Jonathan Franzen schreibt solche Romane, und als er im Frankfurter Schauspiel auftrat, nutzte ich die Gelegenheit, um zu beobachten, wie man sich als Gegenwartsromanautor benimmt. Franzen las auf Deutsch, das haben wir schon mal gemeinsam, und er trägt wie ich eine schwarze Brille. Er stellte sich hinter seinen Lesetisch und schleuderte voller Tatendrang eine voluminöse schwarze Aktentasche auf die Tischplatte. So, wie es früher in der Schule mein Lateinlehrer Herr Graeser machte. Es war eine alte ab- und vielgenutzte Tasche, die man selbst bei eBay nicht mehr bekommt, ich habe es gerade nachgeprüft. Wenn man als Suchbegriff »Franzen Aktentasche« eingibt, erhält man einen Treffer, aber es ist nur ein hässlicher Aktenkoffer der Firma Franzen. Kein Vergleich mit der eindrucksvollen Aktentasche des Dichters.

Eigentlich glaubte, ja hoffte ich, Franzen würde jetzt einige irritierende Gegenstände aus der Aktentasche holen, beispielsweise ein Nudelholz, eine Säge und eine Hupe. Diese Dinge hätte er eine Weile ratlos angeschaut, dann zurück in die Tasche befördert und dafür ordentlich Lacher abgeräumt. Es war definitiv eine Aktentasche, die solche Aktionen herausforderte, aber Franzen, ganz der große Romanautor, der er nun mal ist, widerstand der Versuchung und zog, ohne umständlich herumzukramen, einfach nur sein Buch aus der Aktentasche.

Mehr war mit Sicherheit auch nicht drin, er hätte das Buch auch einfach mit auf die Bühne bringen können. Aber er transportierte es in der Tasche, einfach um zu zeigen, dass er es als Romanautor nicht nötig hatte, uns mit billigen Tricks zu beeindrucken. Die Tasche war ein Statement. So eine Aktentasche muss ich auch haben. Das ist der erste Schritt ins Romanautorleben. Doch was trage ich dann in der Tasche herum? Ich habe ja noch gar keinen Roman geschrieben.

Es ist gar nicht so leicht, ein überzeugender Romanschriftstellerdarsteller zu sein. Es reicht nicht, ein paar Hilfsverben und Konjunktionen mit sich herumzutragen und ein Nudelholz. Natürlich könnte man einfach einen Roman darüber schreiben, wie einer sich eine Aktentasche kauft und hofft, damit beginne seine Karriere als Romanschriftsteller, aber die Tasche bringt ihm nur Unglück und am Ende klettert er selber in die Tasche und verschwindet.

Wenn das Buch Erfolg hätte, könnte man einen zweiten Teil schreiben, in dem die Abenteuer des Mannes in der Aktentasche erzählt werden. Im Inneren der Tasche ist nämlich ein Paralleluniversum, das von Aktentaschen bewohnt wird, in den Kirchen hängen Kreuze, an die Aktentaschen genagelt sind, und so einen Roman würde Franzen niemals schreiben, weil er dem Realismus verpflichtet ist und genau weiß, dass sich im Inneren einer Aktentasche nur sein Buch befindet.

Was macht Franzen außer der Aktentasche sonst noch zu einem großen Romanautor? Er ist ein leidenschaftlicher Bird-Watcher, er beobachtet Vögel. Er soll schon über tausend verschiedene Arten auf seiner Liste haben. Ich beobachte auch gerne Vögel, obwohl ich eher das Gefühl habe, dass sie mich beobachten. Heute habe ich vierzehn Vögel gesehen, einen Buchfink, einen Kleiber und zwölf Kohlmeisen. Das ist etwas kümmerlich, aber dafür weiß ich jederzeit, wo ich einen Waldkauz beobachten kann. Ich wohne nur fünf Gehminuten von einem Waldkauz entfernt, der zuverlässig immer an derselben Stelle sitzt, vielleicht reicht das ja erst mal für einen Roman. Der Roman eines Mannes, der in seiner Aktentasche einen Waldkauz mit sich herumträgt.

## Hesseforschung

Im schweizerischen Montagnola befindet sich das Hermann-Hesse-Museum. Von dort aus kann man auf den Spuren des Dichters einen Rundweg ablaufen. Der Text des Audio-Guides wurde so gestaltet, dass praktisch jedes Restaurant des Ortes Erwähnung findet. Man erhält außerdem schon an der zweiten von elf Stationen den Rat, doch ein wenig zu entspannen, und zwar im »San Francisco Bowling«. Hesse war ja, wie viele Schriftsteller, ein Suchender, und wahrscheinlich suchte er die Herausforderung des Bowlings. Auch Hermann Hesse könnte also für einen angehenden Romanautor als Vorbild dienen. Er war schon über vierzig, als es bei ihm schriftstellerisch richtig losging. Da verließ er seine Frau und seine drei Kinder und zog ins Tessin. So etwas würde ich nicht fertigbringen. Ich habe nur zwei Kinder.

2010

# November

## Begrabt meinen Nerz an der Biegung des Flusses

Der November ist ein grauer, häufig nebliger Monat, in dem man leicht sehr nachdenklich werden kann. Man macht sich dann durchaus mal Gedanken über Vergänglichkeit und Tod, und manch einer fragt sich in einer besonders besinnlichen Stunde vielleicht auch: wie bestatte ich eigentlich mein Haustier – wenn es denn mal soweit sein sollte. Denn natürlich möchte man ein Wesen, das einem möglicherweise mehr Freude bereitet hat als so mancher Ehepartner, angemessen auf die letzte Reise schicken. Es gibt deshalb inzwischen eine ganze Reihe Tierfriedhöfe in Deutschland, die sich des teuren Verblichenen professionell annehmen, man kann aber die ganze Angelegenheit auch selbst organisieren.

Kleinere Tiere dürfen auf dem eigenen Grundstück in mindestens 50 cm Tiefe beerdigt werden, sofern man nicht in einem Wasserschutzgebiet wohnt. Dafür bietet es sich an, unter www.haustiersaerge.de das passende Behältnis für die Beisetzung zu bestellen. Man findet dort Särge in neun verschiedenen Größen, die kleinsten für Hamster und Wellensittich (25 Euro + 8 € Versand), die größten für Bernhardiner und Deutsche Dogge (200 € + 20 € Vers.). Die Särge sind aus Sperrholz gefertigt und mit ökologisch abbaubarem Leim zusammengeklebt. Der Hersteller weist darauf hin, nicht erst bis zum »Tag X« mit der Bestellung zu warten und »rechtzeitig« zu ordern. Wahrscheinlich sollte man schon beim Kauf des Haustieres den dazu passenden Sarg erwerben und im Keller lagern. Benimmt sich der Dackel oder Hamster mal daneben, zeigt man ihm einfach den Sarg und deutet damit an, dass man auch andere Saiten aufziehen könnte. Das wird das Tier schnell zur Vernunft bringen.

An Autobahnen oder Bundesstraßen findet man oft sehr flache, sterbliche Überreste von Tieren, die sich nicht ohne weiteres identifizieren lassen. Da es sich aber um Haustiere handeln könnte, sollte man auch diese Überreste beerdigen. Sie können in handelsüblichen gepolsterten Briefumschlägen problemlos bestattet werden, aber selbstverständlich nicht in einem öffentlichen Briefkasten.

Wenn Sie an Seelenwanderung, also an den ewigen Kreislauf des Werdens und Vergehens glauben, dann können Sie Ihr Haustier auch einfach in die braune Tonne für Bioabfälle werfen. Das Tier wird damit schonend kompostiert und seiner Wiedergeburt als Fleischfachverkäufer, Makler oder FDP-Abgeordneter steht nichts im Wege. Besonders kleinere Tiere wie Meerschweinchen, Hamster, Rennmäuse oder

Zwerghasen eigenen sich für diese Vorgehensweise.

Wer eine ganz besondere Form des Abschieds für den verstorbenen Hund, die Katze oder das Kaninchen sucht, dem bieten verschiedene chinesische Unternehmen einen bemerkenswerten Service an. Bringen Sie Ihren Dobermann oder Ihre Ratte sofort nach deren Ableben zum »Goldenen Drachen« oder in den »Grünen Bambus«. Sie können das Tier dann einen Tag später als Nr. 142 mit Glasnudeln und Austernpilzen bestellen und sparen sich damit auch die Kosten der Bestattung.

Diese Form des Totenkultes ist bei bestimmten Tieren an der Tagesordnung. Tausende Hühner sterben oft gleichzeitig und werden dann sofort zerlegt und in der Frischfleischtheke von Tengelmann oder Edeka aufgebahrt. Ähnliches passiert auch mit Schweinen, denen mitfühlende Menschen ein Weiterleben in trostlosen Massentieranlagen ersparen wollen und die deshalb in sogenannten Schlachthöfen von ihrem Elend erlöst werden. Auch diese Tiere werden dann in Einzelteilen beim Metzger aufgebahrt, damit wir Abschied von ihnen nehmen können.

Doch kommen wir zurück zum Haustier, das ja vor allem deshalb so heißt, weil es mit uns in einem Haus lebt. Das trifft auch für Kinder, Ehemänner oder -frauen zu, hier ist deshalb Vorsicht am Platz, es droht Verwechslungsgefahr. Haustiere erkennen Sie am weichen Fell, an Federn oder am Panzer, sie lesen morgens niemals Zeitung und fordern nicht ständig, dass man mal den Rasen mäht oder verlangen eine Taschengelderhöhung. Bis auf Hunde und Vögel sind Haustiere meistens sehr leise. Am leisesten ist der Goldfisch. Bewegt er sich mehrere Tage hintereinander nicht, ist er wahrscheinlich tot. Sie können seinen Puls fühlen, falls Sie wissen, wo der ist, oder gleich einen Sarg Größe 1 bestellen. Sie können ihn auch Ihrer Katze überlassen.

Schildkröten bewegen sich oft noch viel weniger als Goldfische, vor allem im Winter verfallen sie in eine Art Starre. Experten gehen davon aus, dass 35-40 Prozent aller im Hause gehaltenen Schildkröten seit Jahren tot sind, die Besitzer haben nur noch nichts gemerkt. Immerhin schleppt die Schildkröte das ganze Leben lang ihren Sarg mit sich herum, und deshalb spart man eine Menge Bestattungskosten. Genau wie bei der Schnecke, die allerdings nur sehr selten als Haustier gehalten wird, weil sie zu schleimig ist und keine treuen Augen hat.

Der Bernhardiner ist bestattungstechnisch ebenfalls sehr preiswert, er trägt ja bereits seine eigene Urne um den Hals, die fälschlicherweise gerne als Rumfässchen bezeichnet wird. Nach dem Ableben des Tieres und einem kurzen Krematoriumsaufenthalt kann man die Bernhardinerasche dort hineinfüllen und die Urne auf den Kaminsims oder die Anrichte stellen.

Nicht jeder hat Hund, Katze oder Sittich als Haustier, manche Menschen begeistern sich auch für Chinchillas oder Nerze. Diese Tiere laufen eigentlich erst nach ihrem Tod zu großer Form auf. Je mehr man davon hat, umso größer wird das Nerzjäckchen oder der Chinchillamantel.

Sollten Sie vor Ihrem Haustier sterben, können Sie sich mit dem Hund begraben oder einäschern lassen, das spart Ihrer Familie Kosten und verkürzt dem Tier den Trennungsschmerz. Sollten Sie Pharao von Beruf sein, werden Ihnen sowieso alle Tiere und Familienmitglieder in die Pyramide mitgegeben, da sind Sie dann im Jenseits nicht allein.

Zum Glück sind bis jetzt keinerlei Tierrechte im Grundgesetz festgeschrieben, sonst könnten wir uns auf einiges gefasst machen. Tiere würden Testamente hinterlassen, ein entsetztes Herrchen erbt dann eine etwa zehntausendteilige Stöckchensammlung, die der Hund in jahrelanger Sammelarbeit angelegt hat. Oder die Katze hat sich nachts heimlich in Spielcasinos rumgetrieben und wir dürfen ihre Schulden begleichen. Oder müssen Unterhalt für eine 125köpfige Mäusenachkommenschaft zahlen.

Man muss sich außerdem vor Augen führen, dass viele Hunde, Katzen oder auch Ponys steinreich sind und über Millionen verfügen. Denn viele, von ihren Angehörigen oder Nachbarn enttäuschte Menschen vererben ihr Vermögen an ein Haustier. Vielleicht werden diese Tiere bald versuchen, Einfluss auf die Politik zu gewinnen und ihre Interessen durchzusetzen. Dann wäre es nicht ausgeschlossen, dass das Prinzip der Witwenverbrennung zur Anwendung käme, und manches Herrchen oder Frauchen müsste nach dem Tod des geliebten Kanarienvogels mit ins Gras beißen.

Der normale und deshalb natürlich auch extrem pietätlose Weg der Haustierbestattung führt über die Tierkörperbeseitigungsanlage. Hier ist Nomen aber wirklich mal Omen, denn in einer Tierkörperbeseitigungsanlage geht es tatsächlich nur um das Eine: Tierkörper zu beseitigen. Das machen sie dort den ganzen Tag, und es muss noch nicht mal wie ein Unfall aussehen. Das Tier wird zerschnitten, zerschreddert, zermalmt und klein geraspelt und zu Leim verarbeitet. Also zum Beispiel zu dem Leim, mit dem die oben erwähnten Tiersärge zusammengeklebt werden. Es kann aber auch Seife daraus werden, so dass man sich vielleicht eines Tages mit Bello oder Peterle die Hände wäscht und weiß es gar nicht. Möglich ist aber auch die Umwandlung der Haustierleiche in Futtermehl, der neue Hund kann also mit den Überresten des alten großgezogen werden. Und Gummibärchen werden aus den Knochen auch noch hergestellt. Höchstwahrscheinlich können sie in einer modernen Tierkörperbeseitigungsanlage so gut wie alles produzieren. Demnächst kommt womöglich ein komplett runderneuerter Cockerspaniel oder Wellensittich am Ende dabei heraus, und das ganze Elend geht wieder von vorne los.

**Was wäre, wenn es die Einheit nie gegeben hätte?**

Der November ist wirklich ein sehr bedenklicher Monat, weil man da ziemlich viel bedenken muss. Zum Beispiel muss man am 9. November immer bedenken, wie es wohl wäre, wenn es die DDR noch gäbe.

Es wäre fast alles wie früher, also entschieden besser als heute. Wenn jemand an unserem Staat herumkritisierte, dann könnten wir ihm im Brustton der Überzeugung sagen: »Geh doch nach drüben, wenn's dir hier nicht passt.« Heute weiß kein Mensch mehr, wo Drüben überhaupt anfängt, die meisten denken wahrscheinlich, damit ist Holland gemeint. Eine Autofahrt von Frankfurt nach Berlin wäre nicht mehr sterbenslangweilig, sondern würde hinter Herleshausen oder auch Helmstedt richtig spannend. Mit Sättigungsbeilagen, metertiefen Schlaglöchern und gnadenlosen Kontrollen durch die Volkspolizei.

Man wüsste vor allem ganz genau, wo Ostdeutschland anfängt, weil da selbst das Gras grauer gewesen ist. Heute muss man durch Hinweisschilder aufmerksam gemacht werden, weil man sonst keinen Unterschied mehr sieht. Denn inzwischen sind Milliarden in die Vergrünung der Ostlandschaften geflossen.

Wenn es die Einheit nicht gegeben hätte, dann würde die DDR noch immer existieren, und das wäre ja durchaus erstaunlich. Nach allgemeinen Berechnungen war der Staat 1989 finanziell kurz vor dem Kollaps, ungefähr wie Deutschland jetzt. Gäbe es die DDR noch heute, dann würde das bedeuten, dass die Planwirtschaft doch irgendwie funktioniert hätte. Und wie das geht, hätte man schon gerne mal gewusst. Der Staatsratsvorsitzende hieße jedenfalls Egon Krenz, Minister für Staatssicherheit wäre immer noch Erich Mielke, mit 103 Jahren jünger als Johannes Heesters und entschieden wachsamer.

Der Staatsratsvorsitzende der BRD wäre immer noch Helmut Kohl, und die Frau von Joachim Sauer würde als Physikerin arbeiten. Gerhard Schröder würde sich gute Chancen ausrechnen, 2013 endlich mal Kanzler zu werden.

Die Fußballnationalmannschaft der BRD hätte kein Kapitänsproblem, genauso wenig wie die Fußballnationalmannschaft der DDR. Wir wären aber 1990 trotzdem Fußballweltmeister geworden und selbstverständlich auch 2006, weil wir da ja nicht mit Ballack hätten spielen müssen.

Mecklenburg-Vorpommern hätte kein Naziproblem und die schönen neuen Breitbandkabel lägen jetzt in der BRD. Die DDR-Bürger müssten nicht unter 46 verschiedenen Telefontarifen von 81 Anbietern wählen, sondern jeder hätte das Einheitstelefon mit serienmäßiger Mithörgelegenheit für interessierte Kreise.

Für die bundesdeutschen Talkshowbetreiber wäre die Lage etwas kritischer, weil man nicht mehr Gregor Gysi oder Sara Wagenknecht einladen könnte, also einladen könnte man die schon, aber die dürften nicht rüber. Gysi müsste dann immer durch Bernd Hoecker ersetzt werden, und das wäre vielleicht, ja mit Sicherheit besser. Außerdem wüssten wir ohne den Mauerfall überhaupt nichts von der Existenz Gregor Gysis, und das würde ja schon allein gegen die Wiedervereinigung sprechen.

Wenn es die Einheit nicht gegeben hätte, dann hätte ich nicht so schrecklich viele ungelenke Konjunktivkonstruktionen benutzen müssen und wir würden an Weihnachten immer schwer gerührt an unsere Schwestern und Brüder im »anderen Teil« Deutschlands denken, während wir heute meistens denken, dass die ruhig mal etwas dankbarer sein könnten. Dafür, dass wir sie Westdeutschland und die Westautos und Aldi-Nord und Aldi-Süd mitbenutzen lassen.

Hätten wir immer noch zwei Deutschlands, dann müssten sich westdeutsche Schüler nicht die sperrigen Namen von fünf neuen Bundesländern merken, sondern einfach nur DDR, und es gäbe sehr viel weniger Kevins.

Ich würde mit meiner Mutter viermal im Jahr in den Keller des Gesundheitsamts in Bielefeld gehen, damit dort in einem schlecht beleuchteten Raum ein Mann in einem grauen Kittel den Inhalt unseres Päckchens nach drüben desinfiziert, weil das die Willkürherrscher im Osten so wollten.

Ohne die Einheit hätte Hans-Dietrich Genscher auf dem Balkon der deutschen Botschaft in Prag ins Leere gesprochen. Amerikanische Präsidenten stünden erschüttert vor der Mauer und wären sich nie so ganz sicher, ob sie sich jetzt im freien oder im unfreien Teil Berlins befinden.

Auch sportlich stünde alles sehr viel besser. Der Weltrekord über 100 Meter läge bei 5,4 Sekunden, dank vierzigjähriger ungebrochener Dopingtraditon. Kugelstoßen 53,22 m, Speerwurf 258,23 m, Weitsprung 21,03 m, Hochsprung 4,16 m und Stabhochsprung 14,69 m.

Es würde nicht in jeder zweiten Sportsendung Kati Witt auftauchen, und Jens Weißflog wäre kein Skisprungexperte, sondern das zweitschönste Gesicht des Sozialismus.

Wolf Biermann hätte ein richtig gutes Thema, an dem er sich abarbeiten könnte, und würde vielleicht sogar mal wieder ein bemerkenswertes Album hinkriegen.

Wir müssten uns nicht durch 976 Seiten »Der Turm« durchackern und bräuchten das auch nicht gut finden. Wir wüssten noch nicht mal, wer die Puhdys sind.

Suhrkamp wäre nach Bonn umgezogen, weil Bonn unsere Hauptstadt und Berlin die Hauptstadt der DDR wäre. Die Loveparade würde Weltjugendfestival heißen und in Duisburg wäre es 2010 nicht zur Katastrophe gekommen.

Billy-Regale wären noch echte Qualitätsarbeit, weil sie in der DDR hergestellt worden wären, es wäre wahrscheinlich vieles bei IKEA billiger. Die Frauenkirche in Dresden wäre immer noch ein Bausatz und damit natürlich ein eindringliches Mahnmal.

Wenn es die Einheit nie gegeben hätte, dann könnten sich die Zeitungen überflüssige Einheitsbeilagen und die Fernsehanstalten tagelange Sondersendungen sparen, die Politiker müssten nicht dieselben Einheitsreden wieder und wieder aufwärmen, und auch dieser infame Artikel hätte nie geschrieben werden müssen.

Wir müssten auch nicht ständig damit rechnen, dass man endlich die Stasi-Akten von Maybrit Illner oder Andrea Kiewel oder Kirsten Otto findet, wir wüssten nicht mal wer Andrea

Kiewel ist, von Carmen Nebel ganz zu schweigen. Die Grünen würden dagegen zuverlässig von der Stasi ferngesteuert, was vor allem bei Joschka Fischer und Claudia Roth ganz interessant ausgesehen hätte.

Wenn es die Einheit nie gegeben hätte, dann wäre natürlich auch in der DDR nicht alles beim Alten geblieben. Sie hätten da mit Sicherheit eine neue Nationalhymne, komponiert von dem volkseigenen Ensemble »Randfichten«, und die erste Zeile lautete: »Lebt denn der alte Honecker noch?«

## Vorsicht! Wachsende Klüfte

An meiner Bushaltestelle hängt ein Plakat. Es zeigt ein Verkehrsschild, auf dem links und rechts zwei Berge abgebildet sind und dazwischen gähnt ein tiefer Abgrund. Der eine Berg heißt »reich« und der andere »arm«. Darüber steht geschrieben »Die Kluft wächst«. Gemeint ist wohl der Abgrund, der sich zwischen Reich und Arm auftut. Das ist natürlich nur eine, tja, was eigentlich? Eine Metapher? Eine Allegorie? Ein Suchbild? Auf jeden Fall gibt es solche Warnschilder in Wirklichkeit gar nicht. Vor Klüften wird nirgendwo gewarnt. Das Plakat will mich auf gesellschaftliche Missstände aufmerksam machen. Zwei Berge, durch einen Abgrund voneinander getrennt, einen Abgrund voller schiefer Symbolik. Arm und Reich sind zwei genau gleich große Berge und das bedeutet wohl, es gibt genauso viele arme wie reiche Menschen in Deutschland.

Die Reichen leben auf ihrem Berg auf teuren Hanggrundstücken mit Kluftblick, die Armen in sozialer Schieflage ohne Perspektive. Aber wo wohne ich auf diesem Bild? Ich würde mich weder als arm noch als reich bezeichnen, also lebe ich wohl in der Kluft, die immer größer wird. Sicher nicht ungefährlich, weil man ständig von herabfallenden Armen oder Reichen erschlagen werden kann.

Es steht wirklich nicht zum Besten mit den Armen und den Reichen in diesem Land. Denn zwischen ihnen liegt ja nicht nur diese Kluft. Zwischen Arm und Reich liegt auch eine Schere. Und die geht immer weiter auf. Die Schere zwischen Arm und Reich liegt irgendwo am Grund der geheimnisvoll wachsenden Kluft, wo sie ständig weiter und weiter aufgeht. Gibt es überhaupt so große Scheren? Solche Scheren können sich doch nur sehr, sehr reiche Menschen leisten.

## Zahnfeepflichten

Meiner Tochter wurden drei Weisheitszähne gezogen. Erst sollte es nur einer sein, aber wenn der leicht rausginge, dann wollte der Zahnarzt auch zwei ziehen. Schon der erste klemmte und musste unter Einsatz von bedrohlichen Werkzeugen aus dem Kiefer gebrochen werden. Danach suchte der Zahnarzt weiter nach dem einen Weisheitszahn, der leicht rausging, und wurde zum Glück beim dritten fündig. Die Zähne bekam die Tochter anschließend ausgehändigt und kann sie jetzt ihrer beeindruckenden Zahnsammlung hinzufügen. Es sind neun Milchzähne, die ursprünglich alle mal die Zahnfee geholt hatte.

Warum sie jetzt wieder in unserem Besitz sind, weiß ich auch nicht. Die Zahnfee tauscht ja bekanntlich Zähne gegen Geschenke um. Oft sind es Süßigkeiten, die am nächsten Morgen im Austausch für den Zahn unter dem Kopfkissen liegen. Wenn man die isst, kann man schnell noch mehr Zähne verlieren, die man wieder gegen Süßigkeiten eintauschen kann. Das geht bei Milchzähnen zwanzig Mal.

Die Weisheitszähne der längst volljährigen Tochter sind mit ihren süßen Milchzähnen nicht zu vergleichen. Es sind angsteinflößende riesige Hauer. Die Tochter wird sie aber trotzdem unters Kopfkissen legen und erwartet einen angemessenen Gegenwert. Wir wollen ihr natürlich die Kindheitserinnerungen nicht zerstören und werden eine 300-Gramm-Tafel Vollmilch-Trauben-Nuss unter ihr Kopfkissen schieben.

## Sentimentale Reise in die Vergangenheit

*Beim Gedanken an die Milchzähne der Tochter fällt mein Blick auf ein Foto, das sie im Alter von sechs Jahren zeigt. Ein Alter, in dem die Weichen gestellt werden, ich war bei der Weichenstellung dabei und habe diesen Moment in bewegenden Worten festgehalten:*

Man macht sich einfach zu viele Gedanken über unwichtige Dinge. Würden nur drei Prozent der Bevölkerung konsequent über Afghanistan nachdenken, käme bestimmt einer auf die Lösung. Stattdessen sitzt man am Steuer eines Golf CL und macht merkwürdige Verrenkungen, weil man unbedingt wissen will, ob anatomisch überhaupt möglich ist, was man in Kriminalfilmen häufig zu sehen bekommt.

Wenn mich jetzt jemand erschießen würde, könnte ich dann tatsächlich so nach vorne sacken, dass ich mit dem Kopf die Hupe berühre? Im Golf funktioniert das jedenfalls nicht. Oder warum gibt es Menschen, die keinen Hefekuchen backen können? Sind das dieselben, die lieber duschen als baden? Was signalisiert der seit Jahren beliebte Aufkleber »Baby an Bord«? Soll man besonders dicht auffahren, um den Text zu entziffern, oder soll man die Personen hinter dem Aufkleber einfach nur für ihren Kinderbesitz bewundern? Vielleicht könnte man ab sofort auch jedem Haushaltsgegenstand eine Folie beilegen, auf der steht »Neuer Toaster an Bord« oder »Fast neuer Staubsauger zu Hause«. Wahrscheinlich dient der Aufkleber einfach nur als Warnung: »Achtung, sollten Sie vorhaben, auf den Fahrer zu schießen, dann denken Sie daran, dass im Wagen auch noch ein Baby liegt, und wenn Sie das versehentlich erwischen, trifft das mit dem Kopf genausowenig die Hupe wie der Vater.« Einigen wir uns darauf.

Es ist sowieso nie gut, auf Babys zu schießen, denn die sind ganz unschuldig und haben das Leben noch vor sich. Sie wachsen und werden größer dabei, und eines Tages werden sie einem von erbarmungslosen Mächten wieder entrissen. Am schwersten daran zu tragen hat der Mann hinter der Hupe, der Vater. Zwei besonders grauenvolle Momente stehen jedem Vater einer Tochter bevor. Der zweite ist natürlich der Moment, wo ein pickliger junger Mann mit schlechten Manieren und vollkommenem Desinteresse für die umfangreiche väterliche Tonträgersammlung das Herz der Tochter erobert.

Aber der erste verhängnisvolle Einschnitt ist

die Einschulung. Ähnlich wie bei der Hochzeit ist dieser Vorgang oft mit einem Gottesdienst verbunden, der bei uns sogar ökumenisch war. Wir haben unsere Tochter also kirchlich einschulen lassen. Als erstes fiel mir auf, dass die Pastorin Sandalen unter der Soutane trug. Das machte mich stutzig. Sicher, Jesus hat auch Sandalen getragen. Es hätte auch bestimmt merkwürdig ausgesehen, wenn er in High Heels oder Doc Martens herumgelaufen wäre, doch seitdem sind zweitausend Jahre vergangen und alle Bekleidungssünden wurden uns vergeben. Ich empfand das als kein gutes Omen. Die ziemlich vertrockneten Blumen auf dem Altar beunruhigten mich allerdings noch mehr. Deren Symbolgehalt konnte ich kaum noch übersehen. »Jetzt bist du noch das blühende Leben, aber wenn du lange genug in der Schulvase rumgestanden hast, wirst du schnell vertrocknet sein.«

Andererseits ist diese brutale Ehrlichkeit auch schon wieder bemerkenswert, die halten mit ihren Absichten immerhin nicht hintern Berg. Die Sandalenpastorin rät, wir sollten alle ein wenig »nachdenken« über die Zeit, die jetzt vor unseren Kindern liegt, aber ich bin längst schwer ins Grübeln gekommen.

Wäre ein Privatlehrer oder eine Klosterschule nicht doch besser gewesen? Allerdings auch teurer. Die staatliche Regelschule dagegen ist umsonst, man bekommt sogar einiges geschenkt. Einen Vortrag über eine Schultüte zum Beispiel, deren Inhalt der Pastorin Gelegenheit zum Sinnieren gibt. Als erstes hält sie eine orangefarbene Schirmmütze in die Höhe. Die sollen alle Erstklässler tragen, damit sie auf dem Weg zur Schule »gut gesehen werden«. Wird damit nicht dem Triebtäter die Arbeit allzu leicht gemacht, und warum soll meine Tochter überhaupt eine orangefarbene Kappe mit dem Aufdruck »Taunus Sparkasse« durch die Gegend tragen? Sie ist doch keine Radrennfahrerin. Sie ist noch nicht mal gedopt. Vielleicht dient diese Kappe als zarter Hinweis an mich, den Vater, meine Dopingpflichten gegenüber meiner Tochter nicht zu vernachlässigen. Sonst ist sie dem ganzen Unterricht wahrscheinlich nicht gewachsen.

Jetzt hat der Pfarrreferent das Wort. Er fischt aus der Schultüte einen Bleistift, auf dem ein Plastikhase in Frack und Zylinder befestigt ist. Schon klar, das ist die Büchse der Pandora, die hier ihr Medusenhaupt erhebt. Und mit dem Stift »könnt ihr ein Bild malen, wovor man Angst hat«. Gebt mir diesen Stift, ich mal es euch gleich auf, aber ich brauche ein großes, ein verdammt großes Blatt. Der Pfarrreferent holt eine Schachtel ans Licht und entnimmt ihr »ein Zeichen für Gemeinschaft. Es ist eigentlich keine Kette, aber ich nehm das einfach mal als Kette. Wenn ihr alle zusammensteht, dann ...«, ja dann könnt ihr euch vielleicht sogar vor derartig windschiefen Vergleichen schützen. Es ist nämlich wirklich keine Kette, sondern eine regenbogenfarbige Spirale. Die Spirale der Gewalt.

»Die könnt ihr auf den Schreibtisch stellen oder damit spielen.« So hofft man also von religiöser und pädagogischer Warte mit den drängenden Problemen der Gegenwart fertigzuwerden. Frau Pastorin, was sagen Sie dazu? »Hier haben wir noch Schnellhefter, damit ihr den Überblick behaltet, Dinge sortieren könnt, schöne Dinge abheften.« Eine Schublade passt zum Glück nicht in eine Schultüte, aber die lauert bestimmt schon in der Klasse, um mein kleines Mädchen hineinzustecken.

Seit meiner Einschulung hat sich auf pädagogischem Gebiet einiges getan. Wir haben uns damals an schönen Dingen einfach nur erfreut oder ergötzt, heute muss man sie also abheften. Eine weiße Kerze ist auch noch im Angebot, die sorgt für »Licht, Wärme, Freude« und das nennt man dann später vorsätzliche Brandstiftung, und da kann einem Gott nicht helfen und die Haftpflichtversicherung schon gar nicht, weil der Schaden zwei Millionen Euro weit übersteigt. Ich werde mit meiner Tochter lange reden müssen, um eine Erklärung für all diese Dinge zu finden, es muss ja nicht gerade die plausibelste sein.

Dann sollen die Kinder alle nach vorne kommen, auf dass sie gesegnet werden. Vierundsechzig Jungen und Mädchen knäulen sich vor dem Altar und etwa ebenso viele Väter drängeln sich dahinter, um diese Szene auf Video, Digitalfilm oder sonstigen Bildträgern festzuhalten. Es blitzt und surrt, während meine Tochter sich langsam zur segnenden Hand vorarbeitet. Wie können sich Väter nur derartig gehen lassen? Ich bleibe auf meinem Platz und versuche den weihevollen Augenblick fest in meinem Herzen festzuhalten. Mit meiner Spiegelreflex ohne Blitz und dem 100-Asa-Film hätte fotografieren sowieso keinen Zweck.

Eine halbe Stunde später finden sich alle Beteiligten in der Turnhalle wieder, wo die Direktorin die Lehrerinnen vorstellt und Zweit- und Viertklässler lustige Lieder singen, die meinem Mädchen die Angst vor der Schule nehmen sollen. Meine Tochter hatte aber gar keine Angst vor der Schule, doch jetzt sehe ich, wie sie wirklich unruhig wird. Allzu dick wird die Fröhlichkeit hier aufgetragen, das spüren Kinder. Jedenfalls meins. Nach dem Singen darf gespielt werden, besser gesagt, es muss gespielt werden. Jedes neue Schulkind bekommt eine Kette (!) mit vier verschiedenfarbigen Zetteln um den Hals. Wenn ein Spiel absolviert wurde, wird ein Zettel abgerissen, und nur wer keinen Zettel mehr hat, darf dann hoch in seine neue Klasse. Meine Tochter will nicht spielen. Braves Mädchen! »Du musst auch nicht, schau einfach mal zu.« Das wäre der geeignete Moment gewesen, um einfach abzuhauen. Solange sie nur einen Zettel gehabt hätte, hätte sie ja nicht in die Klasse gedurft.

Natürlich bleiben wir, weil ja auch noch zwei Großmütter und ein Großvater anwesend sind, und irgendwann kriecht sie dann doch unter einer Bank durch, springt über einen Kasten, wirft einen kleinen Ball durch einen riesigen Reifen und schneidet mit einer Schere eine Schere von einem Faden ab. Damit sollte wohl ihre surreale Wahrnehmung gefördert werden. Die vier Zettel waren endgültig weg und meine Tochter unterrichtsberechtigt. In ihrer ersten Stunde lernt sie, wo links und rechts ist. Das war zu meiner Zeit jedem Kleinkind klar. Links waren die Sozis und rechts die CDU, aber heute ist das wohl wirklich erklärungsbedürftig.

Der Einschulungstag ist vorüber, meine Tochter ist mir schon ein wenig entfremdet worden. War die ganze aufopferungsvolle Erziehung tatsächlich umsonst? Ich habe sie immer nur »Sendung mit der Maus« gucken lassen und nie den »Tigerentenclub«, um ihre zarte Seele nicht zu brüskieren, aber ihre Fibel wird ausschließlich von Janoschfiguren bevölkert und ihr Bruder findet kurz darauf auf einem Feldweg tatsächlich eine »Tigerente« aus Holz. Es gibt kein Entrinnen. Das wird mir vollends beim ersten Elternabend bewusst, der zwei Tage später stattfindet. Die Lehrerin hat uns zusammengerufen, um die »Materialliste« zu erläutern. »Sechs dünne Buntstifte (blau, rot, gelb, grün, orange und braun), Malblock (kein Zeichenblock!), ein zweites Rechenheft Nr. 7, noch drei Kartonschnellhefter DIN A4 (lila, gelb, weiß), Becher mit Namen, 2 kleine Fotos, 1 Fara-und-Fu-Sachheft, 1 Elbi-Zahlenheft, 1 Landré-Schreiblernheft, 1 Landré-Schreibheft, 1 Wortschatzheft, 1 Wochenplanheft.«

Bin ich dafür 1968 auf die Straße gegangen oder habe anderen zumindest wohlwollend beim auf die Straße gehen zugeschaut, um für eine gerechtere Welt zu kämpfen? Eine wunderbare Welt, die ich mir dann von meiner Tochter eigentlich sofort leihen wollte, aber dieses Schnellhefter-Universum, das kann sie behalten. Ich will nicht, dass meine Tochter einfach gepierct und abgeheftet wird. Ich will eigentlich nur, dass mein Mädchen lesen, schreiben und rechnen lernt. Aber wie soll sie das machen? Mit dem »Landré-Schreiblernheft« oder dem »Landré-Schreibheft« mit dem »Rechenheft Nr. 7« oder dem »Elbi-Zahlenheft«? Wie soll ich meiner Tochter helfen, sich in dieser Wahnsinnswelt zurechtzufinden, wenn ich nicht mal weiß, wer »Fara und Fu« sind. Jetzt begreife ich endgültig, dass am Doping wohl kein Weg mehr vorbeiführt. Anders schaffen wir das beide nicht. Aber wer besorgt uns das Zeug? Fara und Fu?

So fragte ich im Jahre 1997, und heute sind Fara und Fu längst ausgemustert und die Tochter hat den pickligen jungen Mann getroffen und der war nicht mal picklig und hatte sogar einen Plattenspieler. Bei der Weisheitszahn-OP hat sich herausgestellt, dass sie immer noch einen Milchzahn hat. Ein kleines Stück Kindheit wird sie noch ein paar Jahre begleiten, und wenn sie den gut pflegt, hält der sogar Jahrzehnte.

## 2010

# Dezember

### Problemtuben

Wo wir gerade von Zahnpflege sprechen. Die Hersteller von Zahnpastatuben tragen eine große Verantwortung, denn ihre Produkte nimmt der Mensch in seinen schwächsten Stunden zur Hand und ist ihnen deshalb in besonderer Weise ausgeliefert. Die Tube hält man zumeist kurz vor dem Einschlafen und kurz nach dem Aufwachen in der Hand. Es sind die Momente kurz vor einsetzender oder abklingender Bewusstlosigkeit. Seele und Verstand schlafen schon oder noch, aber die Augen sind bereits offen und nehmen Botschaften wie diese wahr: »Tube auf den Kopf stellen.« Das liest man mit einiger Überraschung, aber man denkt, dass die sich im Zahnpastawerk wohl etwas dabei gedacht haben. Und glücklicherweise steht man ja auch direkt vor dem Spiegel. Eigentlich denkt man so gut wie gar nichts, sondern stellt sich die Tube auf den Kopf. Gar nicht so einfach am frühen Morgen und erst recht nicht am späten Abend. Hat man aber erst mal damit angefangen, ist der Ehrgeiz geweckt, dann versucht man den Kopf so in Position zu bringen, dass die Tube ruhig darauf stehen bleibt. Eine artistische Leistung. Man kann das nur schaffen, indem man immer wieder leichte Ausgleichsbewegungen mit dem Kopf ausführt. Jedenfalls ist man ganz schön im Badezimmer unterwegs, damit die Tube auf dem Kopf bleibt. An Zähneputzen ist da kaum zu denken. Ich bezweifle, dass es einen Menschen gibt, der mit auf dem Kopf abgestellter Zahnpastatube seine Zähne putzen kann. Kein Wunder, dass so viele Menschen so schlechte Zähne haben, und auch kein Wunder, dass die Deutschen aussterben. Denn viele Fortpflanzungsakte mussten unterbleiben, weil der Mann, und es ist natürlich immer der Mann, im Bad mit einer Zahnpastatube hin und her rennt, während die Frau längst weggedämmert ist. Es dürfte aber auch sehr schwierig sein, den Beischlaf mit einer Zahnpastatube auf dem Kopf zu einem einigermaßen befriedigenden Ende zu bringen.

Man fragt sich: Wann kann man die Tube eigentlich wieder vom Kopf nehmen? Muss man die ständig mit sich herumtragen oder kann man sie irgendwann einfach einem anderen Familienmitglied oder Hausbewohner auf den Kopf stellen? Solche Fragen werden bestimmt unter den auf den Tuben aufgedruckten Service-Nummern beantwortet.

Bedenklich finde ich auch den sicher sehr seriös gemeinten Hinweis »Klinisch getestet«. Das flößt mir kein Vertrauen ein. Was soll denn so gut daran sein, wenn die Zahnpasta in einer Klinik getestet wurde? Von lauter Kranken, die möglicherweise gar nicht mehr wussten, was man mit Zahnpasta überhaupt macht. Oder hat man in der betreffenden Klinik den Patienten unter ärztlicher Aufsicht die Tuben auf den Kopf gestellt? Ich sehe immer Menschen mit zwei eingegipsten Armen oder zahnlose Alzheimer-Patienten vor mir, die planlos mit den Tuben herumfuchteln, nur damit die Firma Odol »klinisch getestet« daraufschreiben kann.

Wirklich überzeugend wäre eigentlich nur dieser Hinweis »In Jugendherbergen und Landschulheimen getestet«. Dann wüsste man, dass die Zahncreme zumindest an Türklinken haften bleibt.

## Aus alten Schubladen

*Vor einiger Zeit wollte die* Welt *eine Weihnachtsgeschichte von mir, und es begab sich, dass ich mich hinsetzte und schrieb und schrieb und irgendwann aufhörte, ohne dass die Geschichte ein halbwegs akzeptables Ende gefunden hätte. Als die Geschichte entstand, war zwar Quirinius nicht mehr Statthalter in Syrien, aber Kristina Schröder hieß noch Köhler und war noch jünger als heute und weder schwanger noch Mutter. Deshalb konnte sie auch zu einem Objekt der Begierde für Norbert Röttgen werden, aber lesen Sie selbst:*

»Achtung bitte, volle Konzentration«, ertönte eine Stimme über Lautsprecher. »Wir proben noch einmal die Geburtsszene, Herr Westerwelle, bitte machen Sie die Krippe frei, Frau Merkel, stellen Sie Ihren Heiligenschein auf volle Leistung, jetzt den Erzengel vorsichtig runterlassen, ich sagte voorsichtig …« Da war es auch schon passiert. Mit einem dumpfen Geräusch schlug ein Körper auf dem Boden des Plenarsaals auf, stöhnend hinkte ein Wesen in einem weißen Nachthemd mit zwei angeklebten und jetzt eingedrückten Flügeln zum Sanitätszelt, das stilecht von drei als Hirten verkleideten Ärzten geführt wurde.

Pofalla war wirklich ein Problem, die beiden Staatssekretäre, die ihn an einem Seil hoch und runter schweben lassen sollten, wirkten eindeutig überfordert. Pofalla litt unter unkontrollierten Fressattacken und hatte vor der Probe vier Marzipanbrote verdrückt. In seinem Regiestuhl saß Norbert Röttgen und bellte noch ein paar lustlose Kommandos in sein Megaphon, doch seine Gedanken waren längst beim Wunder der Weihnacht, die unbefleckte Empfängnis, die Mutter Gottes, die Madonna, diese Worte mäanderten in seinem Kopf herum und herum.

Wie hatte das nur angefangen? Röttgen wusste es genau. Es hatte angefangen am Tag, als Kristina Köhler kam. Eine junge Frau, fast noch ein Kind, der sie das Familienministerium gegeben hatte. Röttgen wusste wenig über sie. Anscheinend war sie in der Partei, aber da war er ja auch, das war irgendwie besser, wenn man einen Job in der Regierung haben wollte. Als er ihr zum ersten Mal die Hand gegeben hatte, öffnete sie leicht den Mund und er sah Zähne, unzählige Zähne, die herrlichsten, die er je zu Gesicht bekommen hatte. Es waren unglaublich viele, bestimmt mindestens 45.

Wenn sie zum Lächeln die Oberlippe hochzog, traten die Zähne einer nach dem anderen wie auf einer Theaterbühne auf. Eine Reihe von weißgekleideten Revuegirls, und je weiter der Vorhang aufging, um so mehr kamen zum Vorschein, sie schienen zu tanzen, schienen ihm zuzuzwinkern. Mit Gewalt musste sich Röttgen von dem Anblick losreißen, zwinkernde Zähne, so ein Quatsch. Er räusperte sich und stotterte irgendetwas von: »Schön, Sie mit an Bord zu haben, Frau Köhler, wünsche Ihnen viel Erfolg.« Und sie sagte: »Danke, Herr Pofalla.« Dann senkte sie den Vorhang über ihre Zähne und ließ ihn verwirrt stehen.

Röttgen ging in die Abgeordnetentoilette und betrachtete sich ausgiebig im Spiegel. Gar nicht so übel, was er da sah. »Ein Gesicht, das man sich merken muss, weil man es sonst wieder vergisst«, hatte Sigmar Gabriel mal gesagt, und der ganze Bundestag hatte gewiehert vor Lachen. Er machte ein paar Grimassen, streckte die Zunge raus, und nach etwa zehn Sekunden zeigte sein Spiegelbild auch die Zunge. Was war mit dem verdammten Spiegel los? Er hauchte auf das Glas. »Lass den Blödsinn«, sagte der Spiegel, und erst jetzt merkte Röttgen, dass Pofalla vor ihm stand.

Mein Gott, diese Köhler hatte ihn völlig aus dem Gleis geworfen. Er stammelte eine Entschuldigung und verließ eilig die Waschräume. Den ganzen Tag hatte er überlegt, wie er es einrichten könnte, dass Kristina, also Frau Köhler, und er, also, wie er an die Köhler rankommen könnte, und da war ihm das Krippenspiel eingefallen. Ein Kabinettskrippenspiel, eine stimmungsvolle Sache, die aber auch für einen größeren Zusammenhalt sorgte. Er hatte die Idee Bernd Neumann vorgetragen, und der sagte sofort seine Unterstützung zu. »Großartige Idee, Rüttgers«, hatte er gesagt, »bin dabei, hab als Kind schon mal einen erstklassigen Josef gegeben«, und da dämmerte Röttgen, welche Komplikationen es geben könnte. Sein Plan war ihm dabei ganz einfach vorgekommen. Er wollte nämlich den Josef spielen und die Köhler sollte die Maria sein. Er sah schon lange, intensive Proben vor sich, bis zur Erschöpfung gingen sie ihre Rollen durch, und irgendwann kam dann der Moment, wo er ihr erklärt hätte, Maria und Josef seien schließlich Mann und Frau gewesen und das müsse man auch in so einem Krippenspiel irgendwie rüber bringen, der Zuschauer müsse spüren, dass da was läuft zwischen den beiden, die Erotik der Weihnachtsnacht, Kristina, darum geht es doch. Und dann wäre es soweit. Sie würde den Vorhang aufziehen und ihre Zähne auftreten lassen und alles Weitere würde sich wie von selbst ergeben.

Die anderen waren allerdings nicht sofort begeistert. Merkels Mundwinkel sanken fast auf Schulterhöhe herab. Schäuble sah etwas angefressen aus und fragte, welche Rolle er denn da wohl spielen sollte, und Westerwelle hatte von hinten gerufen »den Esel«, und da war die Stimmung auf den Nullpunkt gesunken.

Es sah plötzlich schlecht aus für Röttgens Christgeburtsspiel, doch zwei Tage später war zu Guttenberg auf den Plan getreten, man hatte ihn wie immer zu spät und unzureichend informiert, aber nun bezog er sofort Stellung. Eine hervorragende Initiative sei das, von ihm, Röttgen, ganz wichtig für das Image der Regierung, der human factor usw. Jedenfalls kannte zu Guttenberg da jemand beim Fernsehen, und das wäre ein ungeheurer Imagegewinn, wenn man da etwas berichten würde. Vielleicht könnte man sogar nach Kundus fliegen und vor der Truppe ein Gastspiel geben. Und damit war die Sache so gut wie gebongt. Guttenberg hatte darauf bestanden, dass er, Röttgen, den Regisseur machen sollte, weil er schließlich die Idee gehabt hatte, und Röttgen hielt das für keine schlechte Idee, denn dann war er auch für die Besetzung zuständig.

Die erwies sich aber als knifflig. Sowohl Merkel als auch Schavan und von der Leyen wollten die Maria spielen. Da war Regisseur Röttgen gefragt. Schavan sei Brillenträgerin, das ginge nicht, die Bundeskanzlerin sei protestantisch und Frau von der Leyen habe, das wisse jeder, sieben Kinder, da könne man dem Publikum die Sache mit der unbefleckten Empfängnis schwer vermitteln, und gerade als Leutheuser-Schnarrenberger ihren juristischen Anspruch auf die Rolle durchsetzen wollte, sagte jemand: »Die Kristina wäre doch ideal, sie ist jung, unverheiratet, kinderlos und sähe sicher hinreißend aus.« Alle blickten zu Dirk Niebel, von dem dieser Vorschlag stammte und dem Röttgen 300 Euro für seinen Auftritt versprochen hatte. …

*Hier brechen meine Aufzeichnungen ab...*

2011

# JANUAR

*... dafür brach neues Jahr an und noch eins und da wollte die »Welt« von mir einen Rückblick auf genau dieses Jahr, das ja gerade erst angefangen hatte. Ich entledigte mich der Aufgabe elegant und nicht ganz unprophetisch:*

**Januar** war ein gutes Jahr. Wir hatten ja kein anderes. Schon Anfang Januar erklärte Karl Theodor zu Guttenberg seinen Rückzug aus der Politik. Er ist enttäuscht. Niemals hätte er sich vorstellen können, dass so viele Menschen auf einen wie ihn hereinfallen. Seine Frau trat zeitgleich von ihrem Amt als Ministerfrau zurück. Aufatmen in der Medienwelt, endlich müssen sich seriöse Journalisten nicht mehr mit Hemden und Schuhen von uninteressanten Adligen beschäftigen, sondern können sich auf ihr Kerngeschäft konzentrieren: die Schuhe von Lady Gaga.

**Februar:** Die Uno erlässt ein Verbot für Popmusik mit Orchesterbegleitung. Sting muss seine sämtlichen Tonträger einschmelzen, die Rechte an seinen Liedern werden ihm auf Lebenszeit entzogen. Opernsänger, die Jazz- oder Popstandards zum Besten geben, werden vor das Den Haager Geschmacksverbrecher-Tribunal gestellt. Journalisten, die über den Blödsinn geschrieben haben, müssen hohe Geldstrafen zahlen.

Wer darüber hinaus noch erklärt, dass er die Trennung zwischen E- und U-Musik aufheben wolle, wird zu 50 Jahren gemeinnütziger Arbeit in einer Phrasendrescherei verurteilt. Wer sich der Veröffentlichung von »Tribute-Alben« oder Duetten mit »ungewöhnlichen Partnern« schuldig macht, muss die Konsequenzen tragen. Wer außerdem noch behauptet, in den USA sei alles viel lockerer und hier wollten ihn die Kritiker immer nur in eine Schublade stecken, der wird in eine Schublade gesteckt und nicht mehr rausgeholt.

**März:** Bayreuth wurde in die Luft gesprengt, bevor Katharina, Eva, Nike oder Adidas Wagner auf die Idee kommen, Jürgen Drews den Ring inszenieren zu lassen. Niemals mehr sollen von deutschem Boden Artikel mit Überschriften wie »Familienkrach im Hause Wagner« ausgehen.

**April:** Annette Schavan, tja, bei dem Namen erschreckt man sich unwillkürlich, aber die ist auch 2011 immer noch Ministerin und hat eine richtig gute Idee. Sie schaltet Fernsehen und Internet für zwei Wochen ab, damit die Bürger Gelegenheit haben, »Anna Karenina« zu lesen. Und ausgerechnet in den zwei Wochen hat dieser uninteressante englische Adlige seine Braut geheiratet.

**Mai:** Der Verkehrsfunk verzichtet ab so sofort auf Meldungen, in denen davor gewarnt wird, dass sich auf irgendeiner bundesdeutschen Autobahn »Personen auf der Fahrbahn« befinden. Wäre ja auch noch schöner. Es wimmelt ständig vor Personen auf der Fahrbahn. Die sitzen in ihren Autos und stellen eine permanente latente Bedrohung dar, vor denen muss mich nun wirklich keiner warnen.

**Juni:** Ein tolles Jahr. Elton John hat Madonna adoptiert und dann erst mal von einer Leihmutter verprügeln lassen.

**Juli:** Immer noch kein neues Interview mit Thilo Sarrazin. Der Mann hat sich ja auch total abgeschafft. 2010 wurden so viele Kinder wie seit Jahren nicht geboren, 2011 noch mehr. Wegen Sarrazin. Deutsche Männer und Frauen haben sich im Schlafzimmer abgeschafft, damit sie nicht abgeschafft werden. Sarrazins Buch war also in Wirklichkeit ein Erotikthriller.

**August:** Wo wir gerade von Sigmar Gabriel reden, der Mann ist völlig in Vergessenheit geraten. Er schlief im Mai in einem Schwebebad nahe Hannover ein und erwachte erst drei Monate später. Er fühlte sich leicht und vollkommen klar im Kopf und trat deshalb sofort aus der Partei aus.

2011 war das Jahr des Friedens und der Völkerverständigung. Zwischen Bielefeld und Steinhagen an der B68 wird sie vorbildlich vorgelebt, ein Imbiss bietet »Oma's Gyros«. Na also, so geht's doch auch, da werden Deutsche und Griechen miteinander versöhnt und irgendwie die Türken auch. Der falsche sächsische Genitiv deutet außerdem darauf hin, dass wir es mit einer ostdeutschen Oma zu tun haben. Noch besser. Jetzt müssen die Muslime nachziehen mit »Mullah Omar's Bratwurstgrill«.

**September:** Hab ich schon erwähnt, dass Captain Beefheart am 15. Januar 70 Jahre alt geworden wäre? In diesem Jahr fanden Wissenschaftler auch noch heraus, dass die Musik von Yoko Ono doch nicht wirklich richtig gut ist.

**Oktober:** Riesenskandal, als man feststellt, dass die Regierung Atommüll auf Friedhöfen entsorgt. Plutonium als Grabbeigabe. Da strahlt die Witwe, aber ein Friedhof ist keine sichere Endlagerstätte. Zum Jüngsten Gericht wird das ganze Zeug nämlich wieder freigesetzt und lebt möglicherweise ewig. Die Grünen fordern die Urnenbestattung für Atommüll.

**Buchmesse:** Niemand schrieb 2011 eine ergreifende Liebesgeschichte, die vor dem Hintergrund des Nationalsozialismus spielt. Zum ersten Mal seit 70 Jahren verfasste niemand einen Roman, in dem es um die »Schattenseiten des amerikanischen Traums« ging, und es gab auch keine »brillante Satire auf den Kulturbetrieb«. Nein, gab's nicht. Wenn ich's doch sage. Und Eitelkeiten? Wurden ausnahmsweise einfach nicht entlarvt. Nirgendwo. Der ultimative Bestseller hieß »Deutschland schafft sich biss zum Morgengrauen ab«. Nr. 1 in der Sachbuch- und Belletristikbestsellerliste. Wird demnächst verfilmt mit Till Schweiger als Morgengrauen und Moritz Bleibtreu als Schuft, äh, Schafft.

**November:** Der Winter war natürlich hart. Der härteste Winter des Jahres. Da fielen die Thermometer nur so und hunderte von Menschen wurden von herabstürzenden Quecksilbersäulen erschlagen. Streusalz ist in ausreichender Menge vorhanden, aber damit die Zeitungen etwas zu schreiben haben, wird so getan, als gebe es schon Ende Oktober keins mehr. Auf den Flughäfen fehlt aber wirklich mal wieder das Enteisungsmittel, weil das mit der Bahn transportiert wird. 2011 war es so schweinekalt, dass die Sau, die man eigentlich durchs Dorf treiben wollte, erfroren ist.

Wolfgang und Jette Joop kamen das ganze

Jahr einfach nicht vor, obwohl Passanten gehört haben wollen, wie in Joops Villa ein Sack Reis umfiel. Gerüchten zufolge soll der Sack Thilo Sarrazin geheißen haben.

**Dezember:** Johannes Joop Heesters wurde 108 und keiner hat es ihm gesagt. Alle fragten sich: Wer wird zum »Wirbellosen Tier des Jahres« gewählt? Westerwelle wurde es dann doch nicht, weil der einfach zu viel Wirbel macht. Außerdem wollte ihm keiner den Triumph gönnen, dass er mal eine Wahl gewinnt. Es siegte wie 2003 der Steinmeier, bzw. der Steinkriecher.

**Silvester:** Die deutsche Sektion der Weltlesehungerhilfe gibt ein neues Motto aus: »Brod statt Böll«.

## Der Rauswurf

Das neue Jahr war noch keine 72 Stunden alt, da verlor ich die Nerven und warf ihn raus. Ich packte ihn ziemlich weit oben mit festem Griff, öffnete die Balkontür, und weil er sich verständlicherweise sträubte, beförderte ich ihn mit einem Fußtritt durch die Tür bis in den Garten, wo er reglos liegenblieb. Er machte keinen guten Eindruck, die Nachbarn gucken misstrauisch und Passanten zeigen mit Fingern auf den starren Körper. Aber ich kann ihn da jetzt nicht wegschaffen und an die Straße schleifen, die Müllabfuhr holt bei uns diesmal erst am 17. Januar die toten Weihnachtsbäume ab.

Viele Jahre führte ich ein zufriedenes, baumloses Leben. Meine Mutter und ich hatten einige Weihnachten lang die elektrische Lichterkette einfach auf den Boden gelegt und uns den Baum dazu gedacht. Kam billiger und sah nach einer Kunstinstallation aus. Die Lichterkette auf dem Boden war mein Protest gegen die ganze Konsumscheiße. Ich ließ mir die Haare lang wachsen und den Weihnachtsbaum weg. Irgendwann verzichteten wir sogar auf die Lichterkette, ich nahm nur noch den Umschlag mit dem Geld entgegen und überreichte meiner Mutter den obligatorischen Kriminalroman.

Weihnachten war eigentlich aus meinem Leben verschwunden, da wurde ich Vater eines Sohnes. Ich wusste nicht viel vom Vatersein, aber ich begriff: Das Kind braucht einen Baum. Das fühlte ich instinktiv. So wie bei der Mutter die Milch einschießt, erwacht im Vater der Baumkauftrieb. Das Kind war an seinem ersten Weihnachten sieben Monate alt und konnte kein Wort sprechen. Ich trug es auf den Armen und zeigte ihm den Baum, der auf einem Stuhl im Laufstall des Sohnes stand.

Zu Recht beklagt man heutzutage das Fehlen von Werten, Normen und Ritualen. Schon im Kindergarten erfahren die Kleinen, dass die Eltern die Geschenke bringen und dass es keinen Weihnachtsmann gibt.

Ich aber glaube bis heute an das Christkind. Es muss einfach eine höhere, gewaltige Macht geben, die mich Jahr für Jahr in den Bescherungs- und Baumbeschaffungswahnsinn treibt. Mein Sohn ist inzwischen 22, ich habe also 23 Bäume beschafft. Einmal wartete ich zu lange, die Forstämter hatten geschlossen, die dänischen Weihnachtsbaumlager waren ausgeräumt und ich fuhr schweißgebadet mit meiner Tochter durch den Taunus, auf der Jagd nach dem letzten Baum. Wir zogen schließlich einen aus dem Graben neben dem Oberurseler Forsthaus. Es war das klassische hässliche Bäumchen, das keiner haben will und dann zu Weihnachten seinen großen Auftritt hat.

Kein Mensch kann richtiges Weihnachten ohne Baum feiern. Ein Baum mit echten Kerzen, roten Kugeln, Strohsternen und ein paar Vögeln vom Waldorfschuladventsbasar in den Zweigen. Lametta nehmen nur Totalversager, damit kann man jeden Baummakel kaschieren. Lametta ist nichts anderes als Weihnachtsbaumverbandszeug.

Spätestens Ende November steigt jedes Jahr mein Adrenalinspiegel und fixe Ideen ergreifen von mir Besitz. Werde ich den richtigen Baum finden? Wann ist der beste Zeitpunkt, wo soll man zuschlagen? Fichte, Kiefer, Douglasie? In den letzten Jahren gab es bei uns nur noch Nordmanntanne. Der Baum sieht tiptop aus, doch der Name erweckt ungute Assoziationen. So muss jede Integration scheitern. Welcher Moslem kauft schon eine Nordmanntanne? Aber wäre Muselmanntanne die Alternative? Rund um unser Forsthaus hatte man einen richtigen Baumschlagvergnügungspark aufgebaut. Mit Buden und Tischen und Bänken und Baumberatern. Dutzende von übermütigen Menschen kamen uns entgegen, sie trugen stolz ihre in einem weißen Netz verschnürte Trophäe nach Hause.

Warum sind wir so spät losgefahren? Die Tochter umklammert trotzig die Säge, aber man weist uns ab: Selbsteinschlag zu gefährlich, in der Schonung herrscht Glatteis. Also wühlen wir uns durch Haufen von unansehnlichen, vorgeschlagenen, also »precutted« Bäumen. Alle zu klein, zu groß, zu ausladend oder oben zu mickrig. Nach langem Suchen fanden wir dann doch den Baum, der auf uns gewartet hatte, und wie jedes Jahr stellte sich die Frage: »Riecht der?« »Die riechen alle«, sagte der Forstamtsmann und erklärte uns, dass er und seine Kollegen zwölf Jahre an dem Baum gearbeitet hätten – dafür wären 50 Euro kein zu hoher Preis. Dreißig Kerzen passten drauf, wie immer der beste Baum, den wir je hatten. Insgesamt hat er zwölf Mal gebrannt, also 360 Kerzen verbraucht und fünfzehn Liter Wasser. Es gab fünfmal heftigen Streit, 32 Kilo Geschenke und 120000 überflüssige Kalorien. Am

Morgen des 3. Januars stand ich lange vor dem Baum, hörte wie seine Nadeln rieselten und wusste: einer von uns beiden muss verschwinden. Ich riss ihm seine militärischen Rang- und Ehrenabzeichen runter. Ich gab ihm nicht die Kugel, sondern nahm sie ihm weg und verpackte sie sorgfältig für seinen Nachfolger, und dann verpasste ich ihm den finalen Fußtritt. Ich hatte die Nase voll von ihm, obwohl er nach nichts roch. Der Baum hatte mich lange genug gegängelt und unter Druck gesetzt. Eigentlich war es Notwehr.

## Ein bescheidener Vorschlag zur Verbesserung der Lage der steuerzahlenden Klasse

Prominente Steuerhinterzieher wie Klaus Zumwinkel, Boris Becker oder die rheinland-pfälzische CDU werden gerne mit Spott und Häme bedacht, meist von biederen Lohnschreibern, die höchstens bei den Werbungskosten betrügen können und ansonsten ohnmächtig dabei zusehen, wie ihnen die Steuern direkt aus der Lohntüte weggebucht werden. Ein Weg aus Steuerschuld und -sühne wäre also, die Einkommenssteuer und damit die Selbstständigkeit abzuschaffen.

Wenn jeder angestellt wäre, gäbe es viel weniger Möglichkeiten, nennenswerte Beträge vor dem Finanzamt zu verbergen. Wir hätten nur noch vier einfach gegliederte Lohngruppen: eine niedrige, eine mittlere, eine höhere und eine für Spitzenverdiener. Das bedeutet für jeden einen klar vorgezeichneten Lebensweg, man fängt zwar niedrig an, kann aber immer als Spitzenverdiener enden. Arbeitgeber ist der Staat, und der darf keinen entlassen. Klingt wie von der Linkspartei diktiert, könnte aber auch von Friedrich Merz sein. Tatsache bleibt: Es wird in diesem Land einfach zu viel Zeit und Energie damit vergeudet, vier Radiergummis und zwei Fahrradschläuche von der Steuer abzusetzen und Bewirtungsquittungen mit absurden Personenkonstellationen zu beschriften.

Statt durchschnittlich zwei Wochen des Jahres mit Steuerangelegenheiten zu verschleudern, könnte doch jeder in der gleichen Zeit gemeinnützige und soziale Arbeit leisten. Unentgeltlich und steuerfrei natürlich.

Ich persönlich mache meine Steuer eigentlich gerne, nur meistens etwas zu spät. Erst wenn ich den Berg von Quittungen vor mir ausgebreitet habe, begreife ich, wie wohltuend und reinigend das Ordnen von Rechnungen und Belegen und Bewirtungsnachweisen sein kann. Ein ganzes Jahr, durch das ich eher bewusst- und willenlos getaumelt bin, kann ich nun immerhin nachträglich in den Griff kriegen.

Jedesmal die bange Frage: habe ich mehr Geld für Benzin oder für Bücher ausgegeben, und wo sind eigentlich die zehn Radiergummis geblieben, die ich mir am Anfang des Steuerjahres als Büroeinrichtung zugelegt hatte? Unglaublich auch, wie viele Glühbirnen in so ein Arbeitszimmer passen, aber wie könnte ich bloß das ziemlich teure rote Puky-Fahrrad absetzen, das die Tochter unbedingt haben wollte? Als Requisit für einen Dokumentarfilm über kleinwüchsige Radrennfahrer, den ich dann aus Zeitgründen aber doch nicht realisiert habe?

Im Prinzip kann man als Journalist alles steuerlich geltend machen. Ich müsste nur für das Tortengrafikmagazin *Focus* eine Serie starten unter dem Titel »1000 Dinge, die Sie nicht von der Steuer absetzen können«. Und alles, was ich da vorstellen würde, könnte ich dann sofort von der Steuer absetzen, beispielsweise eine Dunstabzugshaube mit USB-Schnittstelle, einen sprechenden Kühlschrank, einen winterfesten Kaninchenstall, einen Space-Projector mit verschiedenfarbigen rotierenden Scheiben, einen versenkbaren Fernseher oder eine Seekuh aus Plüsch. Besonders erstaunlich finde ich, dass ich am Ende eines Jahres immer annähernd den gleichen Betrag auf dem Konto habe, nämlich Null Euro plus minus 500.

Dabei würde ich, ehrlich gesagt, auch gerne mal Steuern hinterziehen. Tankerbeteiligungen, Stiftungen in Liechtenstein, die Knete auf eine kleine Insel in der Karibik transferieren, wo die Ureinwohner noch dem Voodookult frönen, so etwas klingt doch spannend und romantisch. Ich würde mein Geld gerne mal solche Abenteuer erleben lassen, stattdessen muss es als Zahlungsmittel für langweilige Hypotheken oder die Klassenfahrten der Kinder herhalten. Außerdem frage ich mich schon lange, wieso ich meine Einkommenssteuerzahlungen nicht als außergewöhnliche Belastung von der Steuer absetzen kann?

## Kalte Reste

Beim Kontrollgang durch mein Wohnviertel stoße ich hin und wieder auf kleine grauweiße Haufen, Schneereste, die hartnäckig mehrere Tauwetterperioden überstanden haben und einfach nicht schmelzen wollen. Man kann aus ihrem Vorhandensein schließen, dass sich dort die Kältepole unseres Viertels befinden müssen. Hier kommt die Sonne nicht hin oder hier will sie nicht hin. Ich glaube, da, wo diese Schneehaufen liegen, da leben kaltherzige Menschen. Ihre Herzenskälte strahlt durch die Außenmauern und lässt alles erstarren. Wäre jedenfalls mal eine interessante Theorie.

# 2011

# Februar

## Horrormeldung

Transplantationsforscher aus Hamburg haben im Labor menschliches Labergewebe gezüchtet. Diese Meldung hat mich dann doch etwas erschrocken. War das nötig? Wuchert dieses Labergewebe nicht schon auf natürlichem Wege ziemlich wild? Muss man das jetzt auch noch im Labor herstellen? Brauchen wir Laborgelaber? Völlig entsetzt lese ich die Meldung noch einmal und erkenne dann meinen Irrtum: die Transplantationsforscher haben menschliches Lebergewebe gezüchtet. Auf den Schreck erst mal einen Schnaps.

## Der Puzzlekönig

Der Kölner Fußballspieler Lukas Podolski hat schon für so manchen groben Scherz herhalten müssen, deshalb habe ich lange überlegt, was wohl der Witz bei dem rätselhaften Plakat sein könnte, das ich in Bielefeld sah. Grundsätzlich wirbt es wohl für eine sehr gute Sache, es geht anscheinend um den Kampf gegen Leukämie, man wird aufgerufen, Stammzellen zu spenden.

Die Werbeagentur hat sich bestimmt viele Gedanken gemacht, wie man die Botschaft optisch transportieren könnte.

Am Ende haben sie Podolski ein riesiges Puzzleteil in die Hand gedrückt und an diesem Teil hält sich eine Frau fest, die wiederum drei weitere Personen hinter sich herzieht. Die Vier, die da mit Podolski über das Puzzleteil verbunden sind, kann man nicht genau erkennen, sie wurden nicht so gut ausgeleuchtet wie der Fußballspieler. Da wir uns im Bereich der Schwerstsymbolik bewegen, muss man davon ausgehen, dass das Puzzleteil etwas symbolisieren soll, es steht stellvertretend für irgendwas. Wahrscheinlich handelt es sich um ein »missing link«. Podolski ist das fehlende Glied zwischen ... tja ... Mensch und Stammzelle? Mensch und Fußballer? Mensch und Puzzle? Nein, das würde alles keinen Sinn ergeben.

Wie wäre es mit: »Die im Dunklen puzzeln nicht«? Auch das scheint mir keine befriedigende Erklärung, aber mir fällt auch keine bessere ein. Als eine interessante Zusatzsymbolik empfand ich immerhin die Tatsache, dass direkt unter dem Kölner Stürmer das Auto eines Fans von Fortuna Düsseldorf parkte. Sagen wir also einfach: Podolski ist das fehlende Glied zwischen Kölner und Düsseldorfer, falls so etwas überhaupt vorstellbar ist.

## Späte Erkenntnis

Die Wahrsager und Hellseher, die zu undurchschaubaren Zeiten den Bildschirm bevölkern, sind alles Schwindler. Das kann man ganz leicht feststellen. Wären es wirklich Hellseher, müssten sie nicht zu Beginn jedes Telefonats die Frage stellen: »Mit wem spreche ich?«

## Brot-Watching

Ein älterer, sehr gediegen wirkender Mann findet in der U-Bahnlinie 3 ein kleines Päckchen, das mit Alufolie umwickelt ist. Er lugt vorsichtig unter die Folie und stellt fest, dass es sich um Schulbrote handelt. Es entspinnt sich eine längere Diskussion mit einer ihm schräg gegenübersitzenden Dame.

In meiner Stadt gibt es jede nur denkbare Schulform und deshalb ist mir, der ich auch in der U3 sitze – sonst hätte ich das ja gar nicht erzählen können –, also mir ist sofort klar: das sind International Schoolbrote. Reiche Ausländerkinder ließen die Alubrote liegen. In der Waldorfschule würde es niemand wagen, sein Kind mit Alufolienbroten loszuschicken, da benutzt man Filz oder Wolle. Auf der integrierten Gesamtschule kommt zwar Alufolie zum Einsatz, aber danach wird das nochmal mit Pergamentpapier umwickelt.

In der Bahn diskutieren der Mann und die Frau über die Frage: Was macht man jetzt? Fundbüro scheidet aus. »Essen Sie die doch selber«, rät die Frau, aber davor scheut der Mann dann doch zurück. Man weiß ja nicht, wer das vorher alles angefasst hat. Die Frau rät, die Brote an »die Tiere« zu verfüttern, was sofort die Zustimmung des Mannes findet.

Doch welche Tiere ernähren sich eigentlich von Schulbroten? Vielleicht Wale, die leben ja in Schulen zusammen. Oder der Schulschnabel? Aber den gibt es gar nicht. Nach ein paar Minuten des Schweigens fällt der Frau ein, sie kenne aber auch arme Leute, die für solche Brote dankbar wären. Sie hat erst vor kurzem einen gesehen, der hatte wirklich Hunger. Der Mann nickt bestätigend, allerdings, gibt die Frau zu bedenken, sind diese hungrigen armen Menschen nie zur Hand, wenn man etwas zu essen für sie dabei hätte.

Es müsste ein Schulbrotsorgentelefon geben, oder wäre da die Post gefragt? So, wie man Hotelschlüssel einfach in den Briefkasten werfen kann und sie werden dem Hotel wieder zugestellt, müsste das auch mit Schulbroten gehen. Die bekommt dann ein der Post bestens bekannter hungriger Mensch, oder die Brote gehen gleich nach Afrika. Schulbrot für die Welt. Wenn es da ankommt, ist es bestimmt nicht mehr frisch, aber ich erinnere mich an einen Spruch, den ich in meiner Kindheit in einer Bäckerei gelesen habe: »Altes Brot ist nicht hart – kein Brot, das ist hart.«

In der U-Bahn wird schon seit zwei Stationen bedeutungsschwer geschwiegen. Dann sagt die Frau ziemlich bestimmt: »Ist wohl doch das Beste, Sie geben die Brote den Tieren.« »Den Tieren?«, fragt der Mann. »Ja, geben Sie's den Tieren«, sagt die Frau. Der Mann erhebt sich, steigt in tadelloser Haltung mit dem Aluschulbrotpaket aus und schaut sich sofort suchend nach den Tieren um.

## Archivgefahren

Heute wurde gemeldet, dass Ausdünstungen von Elefantenkot die Stahlträger des Elefantenhauses im Münchener Tierpark Hellabrunn ruiniert und das Gebäude fast zum Zusammenbruch gebracht hätten. Das wäre endlich eine plausible Erklärung für den Einsturz des Kölner Stadtarchivs. In einem Archiv beschäftigen sie bestimmt gerne Elefanten, weil die so ein gutes Gedächtnis haben. Auch in Marbach sollten sie mal unauffällig in den Personalakten nachschauen, wer eine abgeschlossene Ausbildung als Elefant hat.

## Abstottern

Ich frage mich, ob der Oscar-Erfolg von »The King's Speech« zu einem Stotterboom führen wird. Wäre ja möglich, dass Jugendliche gerne stottern lernen wollen, weil sie sehen, dass man es damit im Filmgeschäft sehr weit bringt. Hat eigentlich jemals ein Schauspieler vernichtende Kritiken bekommen, weil er eine Behinderung nicht glaubwürdig dargestellt hätte? »Der schlechteste Blinde aller Zeiten« oder »Ein völlig unglaubwürdiger Autist«, oder auch »Da haben wir aber schon bessere Querschnittsgelähmte gesehen«.

## Über große Entfernungen reden

Seit heute habe ich ein Smartphone. Eins von diesen Dingern, mit denen man überall ins Netz kann, obwohl es gar kein Festnetzanschluss ist. Das Smartphone weiß unglaublich viel, aber wenn mich jemand anruft, kann ich nicht einfach irgendwo draufdrücken und das Gespräch annehmen, sondern das Smartphone befiehlt mir: »Nach oben streichen«, und erst wenn ich es schaffe, die Seite nach oben zu streichen, kann ich auf »Annehmen« tippen. Aber es ist gar nicht so leicht, mit klebrigen oder glatten Fingern »nach oben« zu streichen. Jedes dritte Gespräch entgeht mir auf diese Weise, weil meine Finger wohl zu doof für das Gerät sind. Dabei habe ich das Telefonieren von der Pieke auf gelernt. In meinen ersten neun Lebensjahren habe ich nur bei Enid Blyton vom Telefonieren gelesen, weil wir auch keinen Fernseher hatten, wo ich hätte sehen können, wie Lassie telefonisch Hilfe holt.

Wenn wir wirklich mal telefonieren mussten, dann wurde das generalstabsmäßig geplant. In unserer Verwandschaft gab es nur wenige Telefonbesitzer, und falls wir beabsichtigten, ein längeres Gespräch mit ihnen zu führen, dann schrieben wir ihnen vorher eine Postkarte, auf der wir mitteilten, wann wir anrufen würden. Es wäre ja zu dumm gewesen, wenn wir ganz umsonst zur Telefonzelle gegangen wären.

In der Zelle stand nämlich immer jemand, und vor der Zelle stand auch mindestens eine Person. Dahinter stellten wir uns an und warteten. Dauerte es zu lange, weil jemand ein Beziehungsgespräch führen musste, in einer Zeit, als das Beziehungsgespräch noch gar nicht erfunden war, dann klopfte man gegen die Zellenscheiben, öffnete auch schon mal ungehalten die Tür, umrundete ständig die Zelle, solange bis der Dauertelefonierer dem Terror nicht mehr gewachsen war und die Beziehung beendete.

Telefonieren war eine aufregende Angelegenheit. Ferngespräche führte man nur nach 18:00 Uhr, denn da war alles billiger. Ich weiß nicht mehr, warum wir überhaupt jemand anrufen mussten, wahrscheinlich um das nächste Gespräch zu verabreden. Man hatte sich jedenfalls nicht viel zu sagen. Die meiste Zeit versicherte man sich, dass man den anderen erstaunlich gut verstehen konnte oder dass es da so komisch knackte oder raschelte. Außerdem erklärte man, wo man gerade war, wie lange man gewartet hatte, um dieses Gespräch zu führen, und wie viele Leute sich inzwischen wieder vor der Zelle versammelt hatten. Man brüllte so laut man konnte, weil man dem Prinzip der Übertragung von Stimmen über große Entfernungen durch dünne Kabel grundsätzlich misstraute.

In den Telefonzellen roch es nach einem faszinierenden Gemisch aus Schweiß, kaltem Rauch, nassem Hund, mit einem Hauch von Kölnisch Wasser oder Doppelkornaroma, dazu kam immer noch feuchtes Papier, denn wenn es regnete, stellte man sich auch gerne in einer Zelle unter, simulierte ein Gespräch und tropfte dabei das Telefonbuch voll.

Dass es irgendwann mal schnurlose Telefone geben würde, die so klein sind, dass man sie in die Tasche stecken kann und mit denen Männer ihre Frauen aus dem Supermarkt anrufen, um zu fragen, wo die Mayonnaise steht und ob sie sechs oder zehn Eier mitbringen sollen und die dann ein Foto der Eier bei Facebook einstellen, das hätte ich wirklich nie geglaubt.

## Dr. Adolf Klenk

Mein Lieblingsheld in der Werbung ist Dr. Adolf Klenk, der weißbekittelte Laborchef der Alpecinforschungsabteilung. Er ist der Erfinder des »Glatzenrechners«. Ich weiß nicht genau, was das ist, doch ich stelle mir vor, man kann damit auf Glatzen schriftlich Malnehmen oder Bruchrechnung machen. Aber wahrscheinlich keine Haarwurzeln ziehen.

# 2011

# März

## Buchmessengedanken

Axolotl Roadkill, die bezaubernde Klebearbeit der zwölfjährigen Helene Hegemann, hat den Buchmarkt vor einiger Zeit gehörig durcheinander gewirbelt. Nachdem bekannt wurde, dass sie nicht unerhebliche Teile ihres Textes wortwörtlich aus anderen Büchern übernommen oder, wie sie sich ausdrückte, gesampelt hatte, erkannten die Verlage ihre Chance. Wozu noch neue Bücher verlegen, es gibt ja sowieso schon zu viele alte. Die könnte man ja ein wenig auffrischen. Auf der Leipziger Buchmesse präsentieren sich deshalb viele alte Bekannte in völlig neuem Gewand:

**Franz Kafka – The Mastermixes,** *erschienen bei Fischer/Fischer & Fischer.*

Die Werke des genialen Paranoikers bilden den Grundstock jeder seriösen Büchersammlung. Doch die 1. Abmischung seines Prager Produzenten Mad Max Brod hält heutigen Qualitätsansprüchen kaum mehr stand. Der Fischer Verlag, Kafkas alte House-Firma, beauftragte ein junges Produzententeam mit einer Neubearbeitung. Als Grundlage dienten alte Demoseiten und Masterpages. Auch in dieser neuen Abmischung ist der typisch kafkaeske Lesegroove erhalten geblieben, dafür klingt jetzt alles viel klarer und transparenter. Das liegt daran, dass der Text erstmals in Mono vorliegt.

**Amerika – der Dance-Mix,** *erschienen bei Fischer Hip-Hop-Junior,* eine Produktion, die sicherlich einige Literaturfreunde verschrecken wird, doch den Produzenten ist hier etwas Erstaunliches gelungen. Sie erhöhten die Grundgeschwindigkeit der Seiten auf 30-45 Verben pro Minute und erreichten so einen Leserhythmus, der in die Beine geht. Galt Kafka bisher zu Recht als untanzbar, so kann man ihn nun problemlos in der Disco lesen. Roßman rules ok!

Der Fischer-Verlag will den Lesern aber auch völlig neue Wege der Thomas-Mann-Rezeption eröffnen und orientiert sich dabei an den erfolgreichen Harry-Potter-Büchern. Es erwarten Sie als Fantasy-Bourgeosie-Special:

Aschenbach und der Kanal des Todes (früher Tod in Venedig), Josef und die Verwandtschaft des Grauens (ehemals Josef und seine Brüder), Hans Castorp und der Berg der Wunder (Der Zauberberg), Die Höllenfahrt des Wladimir Klitschko (Dr. Faustus) und Wer bin ich und wenn ja, wer soll mir das glauben (Bekenntnisse des Hochstaplers Felix Krull).

Außerdem hat man herausgefunden, dass dem Namen des Autors etwas altmodisches, ja beinahe veraltetes anhaftet. Im Gegensatz zu einem Namen wie Jonathan Franzen. Deshalb gibt es jetzt das berühmteste Buch des Nobelpreisträgers unter neuem Namen. Freuen wir uns auf ***Thomas Mann – Die Korrekturen*** *in der Edition Guttenberg bei Fischer Retro.*

Auch eines der unzugänglichsten Werke der Weltliteratur wurde einer gründlichen Neubearbeitung unterzogen. Bekanntlich geht es im »Ulysses« um einen Tag im Leben des Leopold Blum. Als Kaufanreiz für Joyce-Fans hat sich der Suhrkamp-Verlag jetzt etwas Außergewöhnliches einfallen lassen. Er bietet vier weitere Bonus-Tage an, die aus Textresten und Tagebucheinträgen remixt wurden. Der neue Ulysses umfasst nun 16.544 Seiten, von denen die meisten merkwürdigerweise in der Bronx spielen. Erschienen bei Surecamp, einem Unterlabel von Suhrkamp unter dem Titel: **James Joyce – feat Snoop Doggy Dog – Pimp my Ulysses.**

Und ebenfalls bei Suhrkamp erschienen: **Samuel Beckett – Warten auf Godot,** *The Idealistic-Mix.*

In jedem deutschen Haushalt befinden sich etwa 4,5 Exemplare des absurden Meisterwerks vom Sammy Davis Beckett. Das brachte Ulla Berkewicz an den Rand des Wahnsinns, weshalb sie das Theaterstück von drei tätowierten Negern und zwei bleichen kahlrasierten Designstudenten mit schwarzen Hornbrillen überarbeiten ließ. Bis zum Schluss vermag auch der geübteste Leser beim Idealistic-Mix keine Veränderung festzustellen, doch dann wird auf einmal alles gut und Godot kommt wirklich.

Weiterhin geplant sind eine kulinarische Fassung: »Warten und Kochen mit Godot«, eine etwas heikle Version, die von Starbucks gesponsert wurde: »Warten auf Coffee to Godot« sowie ein Rap-Mix unter dem Titel »Go Go Godot«.

Auch **J. D. Salingers** Buch **Der Fänger im Roggen** ist in jedem Haushalt mehrfach vorhanden. Allerdings wirkt sein Titel heute etwas antiquiert, und nachdem der Autor nun endlich tot ist, wird der Verlag sein Werk neu herausbringen als »Der Fänger im Dinkel« mit dem Bonustrack »Der Fänger im Zwölfkornbrot«.

**Robert Musil – Mann ohne Eigenschaften** *als Nihilistic-Mix bei RoroRowohlts Rotation.* Laut Verlagsankündigung: Jetzt mit noch weniger Eigenschaften zum gleichen Preis.

Bei *Eichborn Gaga Productions* erscheint demnächst: **The Holy Bible.** Statt wie bisher 1248 umfasst die heilige Schrift in dieser unseligen Produktion nur noch 36 äußerst großzügig bedruckte Seiten. Der Grund: im *Atheistic-Mix* des Eichborn Verlags wurden einfach alle Stellen weggelassen, die mit Gott, Jesus und Religion allgemein zu tun haben. Das soll laut Verlagsprospekt einen völlig neuen Zugang zum Christentum ermöglichen, zum Preis von immerhin 45,90 Euro. Und da wir gerade beim Thema sind:

Der Bestseller von Bischöfin **Margot Käßmann – In der Mitte des Lebens** wird nach ihrer erfolgreichen Sauftour durch Hannover mit einem anderen Bestseller verschnitten, wodurch man sich wohl nicht zu Unrecht sagenhafte Synergie-Effekte erhofft. Wir freuen uns jedenfalls jetzt schon auf: »In der Mitte des Lebens wächst die Leber mit ihren Aufgaben.«

Ein ähnliches Verfahren wurde bei der nächsten Produktion angewendet. Nachdem den Lesern immer dickere Bücher zugemutet wurden, die sie kaum noch bewältigen, zeigen zwei Verlage jetzt ein Einsehen und präsentieren:

**Uwe Foster Wallace – Der unendliche Spaßturm.** Zwei dicke Bücher in einem. Foster Wallace rechnet mit der amerikanischen Kultur ab, und zwar in Dresden, wo ihn am Ende die Stasi aufhängt.

Unvermeidlich auch diese Kollaboration: **Thilo Sarrazin / Sven Väth – Deutschland schafft sich höllisch ab.** *Der Dancefloor-Mix*

Und der neugegründete Blutbuch-Verlag präsentiert: **Hape Kerkeling / Stephanie Meyers – Ich bin dann mal biss zum Morgengrauen weg.**

Nach dem großen Erfolg von »Tiere essen« hat der Feinschmecker-Verlag folgerichtig diese Koproduktion auf den Weg gebracht: **Karin Duve / Johann Lafer – Anständig Tiere essen.**

Und natürlich: **Adolf Hitler – Mein Kampf,** erschienen bei *Siedlers Golden Oldies* Mastermind. Günter Grass hat Unwahrscheinliches geleistet und aus dem eigentlich völlig veralteten Werk seines ehemaligen Vorgesetzten total neue Aspekte herausgeholt. So gibt es »Mein Kampf« jetzt in der »antifaschistischen Version« als Maxim Biller-Mix, die Fun-Punk-Fassung unter dem Titel »Mein Lachkampf«

feat. Mario Barth und natürlich die Klassiker-Edition auf braunem Papier als »Death-Metal-Mix«.

## Wieviele Säue brauchen wir eigentlich?

Die Arbeitsgemeinschaft für artgerechte Nutztierhaltung schlägt Alarm: In Deutschland ist es zu einer dramatischen Sauknappheit gekommen, weil in letzter Zeit einfach zu viele Säue durchs Dorf getrieben wurden. Noch vor zehn Jahren wurden vielleicht zwei bis drei Säue pro Monat durchs Dorf gejagt, heute sind es drei pro Tag. Bald laufen derartig viele Säue hintereinander, dass man gar nicht mehr die Dorfstraße überqueren kann, ohne von Säuen überrannt zu werden.

Die Nutztierhalter warnen: Schweine sind hochsensible Tiere, man kann sie nicht über einen unbegrenzten Zeitraum jagen und vor sich her treiben. Wer vor kurzem aus dem Fenster blickte, der konnte beobachten wie Sarrazinsau, Kachelmannsau, Atomlaufzeitsau, Ballacksau, Stuttgart21sau, Organspendensau, Googlesau, Hartz4sau, ICEsau, Bundespräsidentensau und Loveparadesau, Guttenbergsau, E10sau und SuperGausau dicht hintereinander her rannten und sich gegenseitig in den Schwanz bissen.

Tierschützer weisen darauf hin, dass sich einige dieser Schweine schon selbstständig gemacht hätten und nun Jagd auf schwächere Säue machen würden, die aber auch das Recht hätten, artgerecht durchs Dorf getrieben zu werden. Es muss außerdem zwischen den einzelnen Sautreibjagden genug Zeit bleiben, um führende Sauexperten wie Hans-Olaf Henkel, Norbert Blüm, Oskar Lafontaine, Henryk M. Broder oder Alice Schwarzer in wenigstens vier verschiedenen Talk-Shows zur jeweiligen Sauproblematik zu vernehmen. Auch muss die ARD Gelegenheit bekommen, wenigstens zwei Brennpunkte zur Sauproblematik zu senden, und im ZDF muss Jörg Pilawa eine Sausondersendung moderiert haben oder wahlweise eine Spendengala für »Treibsäue in Not«.

Das Umweltministerium überlegt vor diesem Hintergrund, schärfere Regelungen für die Sautreibjagd durch menschliche Ansiedlungen aufzustellen. Vor allem will man neue Restlaufzeiten für Säue festlegen. Die Saubetreiber haben bereits ihren Protest angemeldet.

Sie wollen, dass man die eklatanten Mast- und Haltungskosten der Säue berücksichtigt. Doch Umweltminister Röttgen besteht auf neue Sicherheitsstandards. Gerade alte Säue, die oft schon jahrelang durch alle Dörfer getrieben wurden, wie die gute alte Integrationssau, die Islamistensau oder die Gysistasisau, müssten dringend auf ihre Betriebssicherheit überprüft werden. Weil bei solche Tieren immer die Gefahr besteht, dass die Sicherungen durchbrennen, erwägt man ernsthaft eine Durchbrennelementesteuer.

## Zum Schluss trifft mich doch noch der Schlag

Hinterher fragt man sich immer, ob man nicht irgendwelche Warnsignale übersehen hat. Hätte ich nicht schon viel früher etwas spüren müssen? Am Abend, bevor es passierte, nahm ich jedenfalls an einem Abendessen im Springer-Hochhaus teil. Mit mir am Tisch saßen Schriftsteller, Literaturagenten, eine Ministerin, Herausgeber und Eckart von Hirschhausen. Hätte ich da Verdacht schöpfen müssen? Eigentlich nicht, wenn mehr als zwölf Personen in einem Raum versammelt sind, ist von Hirschhausens Anwesenheit zwingend vorgeschrieben.

Eifrige Bedienstete schenkten uns ständig einen schweren Rotwein nach, der ihnen eine leicht gebeugte Haltung aufzwang. Mit einem Berliner Schriftsteller diskutierte ich die Notwendigkeit eines Agenten. Er sagte, wenn man zum Beispiel einen Roman möglichst teuer verkaufen wolle, wäre ein Agent von Vorteil. Ich stimmte ihm zu, befürchtete aber, dass ich niemals in die Verlegenheit kommen würde, meinem Leben fehle es an der, zumindest für einen autobiographischen Roman, notwendigen Dramatik. Der Schriftsteller nickte bestätigend, was ich unverschämt fand, denn er kannte mich gar nicht. Seine Agentin hatte ihm gerade eine Lesereise mit Wagen und Chauffeur durch das Tessin ermöglicht. Die Agentur der Agentin hatte auch das Essen organisiert und die Gäste mental gecastet. Wir alle waren auserwählt worden, allerdings sollte mir erst viel später klar werden, wozu.

Ich übernachtete bei einem Freund in der Budapester Straße, und am nächsten Morgen fuhr ich mit einem schwedischen Militärfahrrad aus seinem Besitz am Tiergarten entlang Richtung Potsdamer Platz.

Die Sonne schien und verbreitete diese angenehme, nicht zu warme Wärme, die im Frühling häufiger auftreten kann. Auf dem Gepäckträger beförderte ich ein Paket mit Vorhängen, die ich vor dem Neuköllner Fenster meines Sohnes anbringen wollte. Ich erwähne das nur, weil das möglicherweise auch ein Warnsignal gewesen sein könnte. Das Fahrrad vibrierte ein wenig, so als ob ich kleine Bodenwellen im Asphalt überquerte. Ich wich einem Taxi aus, wurde gegen meinen Willen langsamer, ein holländischer Reisebus fuhr langsam vorbei, ich rollte auf den Bürgersteig, kam zum Stehen und fiel um.

Mehrere Fußgänger waren auf mich aufmerksam geworden und sahen mir interessiert zu. Das Aufstehen erwies sich als ungewöhnlich schwierig, aber ein schwedisches Militärrad ist relativ schwer und unförmig, wahrscheinlich setzen sie es da oben als panzersprengende Waffe ein. Der Fahrer des Taxis, dem ich ausweichen musste, zog mich schließlich unter dem Rad hervor und fragte, ob ich betrunken sei. Ich sagte: »Mit mir ist alles in Ordnung.« Er blickte mich mitleidig an und erwiderte: »Nein, mit Ihnen ist gar nichts in Ordnung.« Dann hörte ich eine Frau in ihr Handy sprechen: »Wir brauchen einen Notarzt, hier liegt eine hilflose, orientierungslose Person.« Ich kam mir vor wie in einem Film, wo der Held plötzlich begreift, dass er von lauter Außerirdischen umgeben ist.

Da fiel mein Blick auf meinen linken Arm, der wild herumzuckte, aber ich konnte irgendwie keine Verbindung zu ihm aufnehmen – er führte ein unheimliches Eigenleben. Ich berührte ihn mit der rechten Hand und fühlte nichts. Es war ein völlig fremder Arm, jedenfalls hatte ich ihn noch nie an meinem Körper gesehen. Ich spürte, wie mir der kalte Schweiß ausbrach. Die Sache schien ernster zu sein. Irgendwo lag wahrscheinlich noch mein richtiger Arm herum, aber wo war das Ding her, dass da jetzt links an mir herumzuckte? Anscheinend war ich hier der Außerirdische.

Schließlich tauchten zwei Polizisten auf und wollten wissen, ob ich betrunken sei. Das schien vormittags um elf Uhr in Berlin die Regel zu sein. Die hätten lieber die Sache mit dem Arm aufklären sollen, aber das konnte ich ihnen nicht sagen, denn meine Zunge gehorchte mir genauso wenig wie mein Arm. Dann kam der Notarztwagen, man setzte mich in einen Rollstuhl, und eine Hebebühne beförderte mich ins Innere des Mobils. Der Notarzt fragte nach meinem Befinden, und ich lallte: »Na ja ...« Er schaute mich prüfend an und teilte mir voller Begeisterung mit: »Tja, Sie hatten einen Schlaganfall.« Dann diagnostizierte er routiniert: »Hängender Mundwinkel links, kalter Schweiß, kein Gefühl in den linken Extremitäten ...« Er sagte, ich solle mir keine Sorgen machen: »Sie liegen gut im Zeitfenster.« Wenn der

Schlaganfall innerhalb von drei Stunden behandelt werde, bestünden hervorragende Heilungschancen. Ich war froh, dass ich gut im Zeitfenster lag, sehr froh, ich hatte nämlich mein ganzes Leben lang immer nur sehr schlecht im Zeitfenster gelegen, oft hatte ich es gar nicht gefunden.

Ich konnte meine Personalien fehlerlos herunterlallen, ich konnte sogar noch veranlassen, dass die Polizisten das schwedische Militärrad sicherten, weil ich mich problemlos an die Eselsbrücke für das Zahlenschloss erinnerte: Kolumbus plus vier, also 1496. Ein Beamter schob das Paket mit den Vorhängen in den Wagen, und dann wurde ich zum ersten Mal in meinem Leben mit Blaulicht durch Berlin gefahren. Das war großartiger, als mit Chauffeur durch das Tessin kutschiert zu werden, und ich hatte es ganz ohne Agentin geschafft.

Während der Fahrt zur Charité hielt ich den linken Arm mit dem rechten fest, weil es mir peinlich war, vor dem Notarzt unkontrolliert herumzuzucken. Am Ende hielt er mich noch für einen echten Kranken.

Der Arzt erklärte mit wachsender Begeisterung, es sei alles für eine Lysetherapie vorbereitet, bei der mein Blut stark verdünnt werde, was die Folgen des Schlaganfalls rückgängig machen würde. Am Ende säße ich wahrscheinlich wieder auf meinem Fahrrad, dachte ich.

Ich wurde aus dem Notarztwagen in die Rettungsstelle verfrachtet, dort in alle möglichen Röhren geschoben, an jeden Flugschreiber angeschlossen, und dann erklärte mir der diensthabende Rettungsstellenarzt, man habe zwar alles für die »Lyse« vorbereitet, aber so, wie er meinen Zustand beurteile, brauche ich keine mehr. Das hieß, sie hatten mich aufgegeben. Die teure Maßnahme würde sich nicht mehr lohnen, später bei der Abrechnung bemängelt dann die DAK: Warum habt ihr dem Zippert denn noch das Blut verdünnt, fünf Minuten vor dem Exitus? Das zahlen wir aber nicht.

Vor meinem Ableben musste ich noch die Beine heben, erst einzeln, dann zusammen, dann die Arme, dann die Mundwinkel, und zum Schluss sollte ich pfeifen. Arme, Beine und Mundwinkel konnte ich heben, links etwas schwerfälliger als rechts, aber das Pfeifen klang jämmerlich. Der Arzt nahm die Pfeifgeräusche ungerührt zur Kenntnis, sie haben da auf der Rettungsstelle sicher schon die schrecklichsten Töne gehört, jedenfalls wusste er Bescheid: »Dissektion der ICA rechts, mit Ischämie im MCA-Gebiet rechts und sensomotorischer Hemiparese links.« Oder wie der Lateiner sagt: »Schlaganfall mit linksseitiger Lähmung, verursacht durch einen Riss in der rechten Halsschlagader.«

Der Arzt versuchte zu erläutern, wie es dazu kommen konnte: Schleudertrauma, ruckartige Bewegungen beim Sport, auch beim Zurückbeugen ins Friseurwaschbecken kann die Ader reißen. Oder wenn man sich ein Kind auf die Schultern setzt. Das konnte es gewesen sein. Mein Sohn war 23, ein Wahnsinn, sich so einen Kerl auf die Schultern zu setzen, weshalb ich es eigentlich auch seit Jahren nicht mehr getan hatte. Die nächsten 24 Stunden verbrachte ich in der Stroke Unit, das ist so etwas wie die Soko »Schlaganfall«. Ich trug die Anstaltsuniform, einen hellblauen Schlafanzug, und war komplett verkabelt. Auf verschiedenfarbigen Monitoren wurden Herzschlag, Blutdruck und Sauerstoffsättigung angezeigt, durch einen Perfusor lief blutverdünnendes Heparin in mich hinein, und wäre ich Privatpatient gewesen, hätte ich Sky-Empfang gehabt. Gegen 21:30 Uhr trat Werner, der diensthabende Pfleger mit düsterer Miene an mein Bett und sagte: »Schlechte Nachrichten, Herr Zippert. Arminia liegt 0:1 zurück.« Er hatte mitgekriegt, dass ich in Bielefeld geboren war. Ich dachte, Schlaganfall allein reicht wohl noch nicht, dann schlief ich ein und verbrachte wegen der vielen Kabel und Schläuche eine etwas unruhige Nacht.

Am nächsten Morgen kam mein Sohn mit meinem Koffer, ich gab ihm die Vorhänge und er überreichte mir die aktuelle Ausgabe der *Welt*, in der ein Kollege einen Nachruf auf mich verfasst hatte. Obwohl, die wussten ja gar nicht, dass mich der Schlag getroffen hatte. Es ging nur um mein zehnjähriges Dienstjubiläum als Kolumnist, und der Kollege fragte sich: »Wie schafft er das bloß?« Die Frage hätte ich in dem Augenblick wirklich nicht beantworten können, ich hatte Wichtigeres zu tun. Beispielsweise in zugigen Gängen im Rollstuhl sitzen und darauf warten, dass jemand Röntgenaufnahmen von mir machte oder mich ultraschallte.

Außerdem fragte ich mich, wie sage ich es

meinen Angehörigen? »Du, Schatz, ich hatte einen Schlaganfall, aber mach dir keine Sorgen.« Ich konnte den Aufschrei am anderen Ende der Leitung förmlich hören. »Hallo, Schatz, ich komme etwas später nach Haus, ich hatte noch eine Ischämie im MCA-Gebiet rechts.« Das klingt doch gleich viel netter, könnte auch ein Auffahrunfall im Gewerbegebiet gewesen sein.

Meine Mutter nahm es erstaunlich abgebrüht auf: »O Gott, musst du etwa Marcumar nehmen?« Sie war Krankenschwester von Beruf und hatte recht. Nach meiner Entlassung sollte tatsächlich die Marcumar-Therapie beginnen. Meine Mutter war seit Jahrzehnten pensioniert, ich wunderte mich, dass man den Schlaganfall immer noch mit derartig altmodischen Mitteln behandelte. Andererseits ist der Schlaganfall auch eine ganz alte Krankheit. Marcumar enthält einen ähnlichen Wirkstoff wie Rattengift, das Blut der Tiere wird dadurch so stark verdünnt, dass sie innerlich verbluten. Ratten sterben dafür so gut wie nie an einem Schlaganfall.

Jedem, der sich einen Schlaganfall zulegen will, kann ich nur empfehlen, ihn in Berlin, im Einzugsbereich des Campus-Mitte zu bekommen. Die dortige Stroke-Unit ist ganz hervorragend, und wenn man es überlebt, wird man auf die Neurologie im 19. Stock verlegt. Die beste Aussicht der ganzen Stadt. Aus dem Fenster meines Zimmers sah ich direkt auf das Regierungsviertel.

Im anderen Bett lag Herr Mommsen, der mir sofort seine ganze Krankengeschichte erzählte.

Eine Stunde später fragte er: »Entschuldigung, weswegen bin ich noch mal hier?« Ich antwortete wahrheitsgemäß: »Verdacht auf Alzheimer, Herr Mommsen.« Aber der Verdacht erwies sich als unbegründet. Herr Mommsen hatte Maßanzüge für Walter Ulbricht geschneidert, und sein Gedächtnis brauchte er eigentlich nicht mehr, weil seine Frau ihn ständig anrief und ihm haarklein erklärte, was er als nächstes tun sollte. Auf Herrn Mommsen folgte Herr Kunz, der nach einem epileptischen Anfall durchgetestet werden musste. Nach der ersten Mahlzeit verschwand er entgegen ärztlicher Anordnung für eine Stunde und kam mit zwei großen Einkaufstüten voller Lebensmittel wieder. Er hatte einfach Angst zu verhungern.

Ich nicht, denn in meiner Patientenakte stand der Vermerk »leicht adipöser Zustand«. Diese drei Worte ließen mich die verordnete Schonkost klaglos genießen, und obwohl ich bis heute nicht weiß, woraus das Getränk bestand, das sie auf der Neurologie »Kaffee« nannten, trank ich es mit großem Behagen. Zwischen den Mahlzeiten aß ich erstmals seit vierzig Jahren nichts. Im Fernsehraum sah ich am Sonntag mit anderen Schlaganfallkranken »Tatort« und »Anne Will«. Wir sahen immer nur das Erste, denn wir waren zu schwach zum Umschalten. Neben mir saß ein Mann, der seinen linken Arm nur mit dem rechten Arm bewegen konnte. Andere wurden einfach in den Raum geschoben und mit dem Gesicht Richtung Bildschirm drei Stunden abgestellt, bis »Titel, Thesen, Temperamente« anfing. Das war für uns zu viel.

Jeden Tag erschienen andere Ärzte an meinem Bett, für die ich pfeifen und das Bein heben musste. Einmal kam einer mit sechs Studenten und sagte verschwörerisch: »Nichts verraten, die sollen selber drauf kommen.« Und dann mussten die Studenten durch geschicktes Fragen meine Krankheit herausfinden.

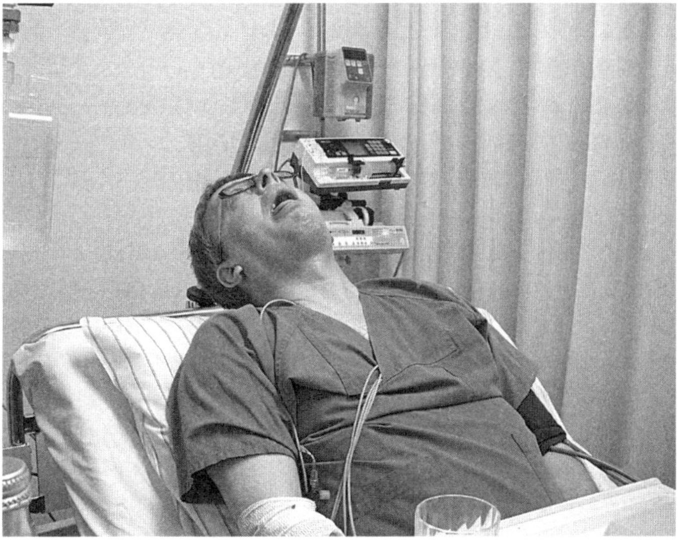

Langweilig war es nie, dauernd wurde mir Blut abgenommen, auch mitten in der Nacht, und ich beteiligte mich außerdem an allen Testreihen, denn ich wollte mich irgendwie nützlich machen. In der »Cream and Sugar Study« ging es beispielsweise um erhöhte Blutfettwerte, und dafür musste ich auf nüchternen Magen einen Becher Schlagsahne trinken und zwei Stunden später ein riesiges Glas Zuckerwasser. Das war mein schlimmstes Erlebnis in der Charité. Jeden Abend besuchte mich mein Sohn, und ich ging mit ihm und meinem Perfusor in die Caféteria, sah ihm beim Verzehr eines Holzfällersteaks zu und fragte ihn, ob er die Vorhänge endlich angebracht habe.

Ich fühlte mich eigentlich gar nicht schlecht, nur wenn sich die Tür des Krankenzimmers überraschend öffnete, bekam ich Angst, dass ein Krankenhausclown hereinkommen würde, um mich aufzumuntern. Da hätte mich der Schlag zum zweiten Mal getroffen.

Nach sechs Tagen wurde ich entlassen. Man gab mir einen vorläufigen Arztbrief und die Broschüre »Leben mit Gerinnungshemmern« mit auf den Weg.

Auf der Fahrt nach Hause erinnerte ich mich wieder an das Abendessen vor dem Schlaganfall. Inzwischen hatte mein Leben tatsächlich eine gewisse Dramatik bekommen. Ich hatte nun genug Stoff für den großen Schlaganfallroman, den Schlaganfallgegenwartsroman. War es das Verdienst der Literaturagentin? Hatte sie die ganze Veranstaltung im Springer-Hochhaus nur organisiert, um mir diese Erfahrung zu verschaffen? Schuldete ich ihr jetzt etwa Erfolgshonorar?

Ich fühlte mich trotzdem irgendwie betrogen. Mir fehlte ja nichts. Im Moment des Schlaganfalls war noch nicht mal mein Leben an mir vorbeigezogen, sondern nur ein Reisebus voller Holländer. Trotzdem sammelte ich eifrig Material, um sobald wie möglich mit der Romanniederschrift zu beginnen. Aber dann fiel mir ein, dass Kathrin Schmidt letzten Herbst den Deutschen Buchpreis gewonnen hatte. Mit einem

Schlaganfallroman. Ich war mal wieder zu spät dran.

Was habe ich sonst noch zurückbehalten? Sobald ein Arzt in meine Nähe kam, begann ich unwillkürlich zu pfeifen und das Bein zu heben, aber das legte sich nach ein paar Wochen. Meine Krankenkasse schrieb mir einen Brief, in der sie mir eine »schnelle und flexible Bereitstellung aller Leistungen« anbot.

Meine »persönliche Ansprechpartnerin« erklärte mir, wichtig sei meine Bereitschaft zur Kooperation. Nach einem Schlaganfall müsse man intensiv an sich arbeiten und trainieren. Es gebe Menschen, die alles verlernt hätten und nach einem Jahr wieder sprechen und Cello spielen konnten. Die Fähigkeit, Cello zu spielen, ist bis heute nicht wieder zurückgekommen, allerdings hatte ich die auch vor dem Schlaganfall nicht.

# Und gleich weiterlesen:

ISBN: 978-3-89320-134-1

»Das Buch ist unverzichtbar für jeden, der schon mal krank war oder gerade überlegt, woran er als nächstes leiden könnte.« *Die Welt*

ISBN: 978-3-89320-120-4

»Hans Zippert ist einsame Spitze.«
*Süddeutsche Zeitung*

»Für mich ist er der Beste.« Harald Schmidt